一分钟

成语接龙

提升语言水平

增加文化底蕴

壹品尚唐◎编著

1

贵州大学出版社
Guizhou University Press
·贵阳

图书在版编目（ＣＩＰ）数据

一分钟成语接龙 / 壹品尚唐编著 . -- 贵阳 ： 贵州
大学出版社， 2024. 7. -- ISBN 978-7-5691-0960-3

Ⅰ．H136.31-49

中国国家版本馆 CIP 数据核字第 2024RR1503 号

YI FENZHONG CHENGYU JIELONG

一分钟成语接龙

编　著　者：壹品尚唐

出 版 人：闵　军
责任编辑：葛静萍　叶俐辰　胡　霞
装帧设计：熊立宾
内文版式：郭晓硕

出版发行：贵州大学出版社有限责任公司
　　　　　地址：贵阳市花溪区贵州大学东校区出版大楼
　　　　　邮编：550025　电话：0851-88291180
印　　刷：三河市元兴印务有限公司
开　　本：710 毫米 ×1000 毫米　1/16
印　　张：16
字　　数：126 千字
版　　次：2024 年 7 月第 1 版
印　　次：2024 年 7 月第 1 次印刷

书　　号：ISBN 978-7-5691-0960-3
定　　价：68.00 元（全二册）

前言
PREFACE

　　欢迎踏上这趟富有韵律与智慧的旅程，我们将为您献上这本《一分钟成语接龙》，在这里，每一个成语都是一个跳跃的音符，它们共同谱写了一曲华美的中华文化交响乐。

　　本书精心设置了"接龙天地""教你识字""深知其意""趣学趣用""实践出真知""故事大讲堂"6个栏目，旨在引领读者在趣味中学习成语，于游戏中领悟成语。

　　"接龙天地"如同一串串珠链，连接着古今，将成语的韵味与趣味融为一体。

　　"教你识字"是我们的识字课堂，我们把每组接龙成语中的关键字列出来并注音，帮助小读者识记汉字。

　　"深知其意"则如一位向导，引导小读者能深刻理解每个成语所蕴含的丰富趣味。

　　"趣学趣用"栏目，以用成语造句的形式，来例举成语的运用，典型而深刻。

"实践出真知"栏目，通过让小读者动脑思考，动手操作，加深对成语的认识，扩大成语知识面。

　　"故事大讲堂"将带来一个个生动的历史故事，这些故事是成语的源头活水，更是对成语内涵的深刻诠释。

　　《一分钟成语接龙》不仅仅是一本书，更是一把开启中华文化的钥匙，一扇通向智慧的窗口。在这里，每一个成语都蕴含着一个故事，每一个故事都是一段历史，每一段历史都蕴含着一份深深的智慧。期待小读者们在阅读的过程中，发现更多，收获更多，成为这场接龙游戏的真正赢家。

目 录
CONTENTS

一诺千金

 **接龙天地**

一诺千**金** 👉 **金**碧辉**映** 👉 **映**雪读书 👉 书香铜**臭** 👉

臭不可**闻** 👉 **闻**宠若**惊** 👉 **惊**愚骇**俗** 👉 **俗**不可**医** 👉

医时救**弊** 👉 **弊**车驽**马** 👉 **马**首是**瞻** 👉 **瞻**前思后

✏️ **教你识字**

chòu	chǒng	hài	bì	nú	zhān
臭	宠	骇	弊	驽	瞻

🔭 **深知其意**

　　诺，诺言。一诺千金的意思是人的一句诺言相当珍贵，价值千金。形容人做事讲信用，说话算数。

✏️ **趣学趣用**

　　人们讲诚信就是指说话要算话，一言九鼎，一诺千金。

实践出真知

说说你对哪些成语感兴趣，动动手查资料，把它们记录下来吧。

故事大讲堂

　　秦末汉初，在楚地有个叫季布的人，他性格耿直，为人仗义，特别愿意帮助别人，只要是他答应的事，无论多么困难，他都会想方设法尽力去办到。季布原来是项羽的部下，曾几次献策，使刘邦的军队吃了败仗。刘邦称帝后，就下令通缉季布。当时许多人因为仰慕季布的为人，都尽心尽力地帮助他。当时有个大臣就谏书刘邦撤销通缉季布的命令，刘邦不仅采纳了，还封季布做了郎中。

　　季布有个同乡叫曹邱生，一心想巴结他，于是来拜访季布，对季布说："我听到楚地到处传颂着'得黄金千两，不如得季布一诺'，你有这么好的名声，都是因为我帮你宣扬的啊。"季布听了，心里很高兴，热情地款待他，还送了他一份厚礼。

　　在现实生活中，我们答应别人的事，就一定要做到，要像季布一样讲信用，重承诺，做一个"一诺千金"的人。

守株待兔

 接龙天地

守株待兔 👉 兔起乌沉 👉 沉冤昭雪 👉 雪北香南 👉

南北东西 👉 西学东渐 👉 渐不可长 👉 长城万里 👉

里应外合 👉 合纵连横 👉 横翔捷出 👉 出以公心

教你识字

yuān	zhāo	jiàn	zòng	héng	xiáng	jié
冤	昭	渐	纵	横	翔	捷

深知其意

株，树桩。守株待兔，守在树桩旁，等待再有撞死在树桩上的兔子。比喻执着于狭隘的经验，不知道变通，心存侥幸地想不劳而获。

趣学趣用

做事情我们要学会把握机遇，善于主动出击，不要守株待兔，否则必定一无所获。

实践出真知

在括号中填入恰当的字并从下列词语中分别找出与"守株待兔"意思相近和相反的词语来。

刻（ ）求（ ）　　墨（ ）成（ ）　　标（ ）立（ ）

见（ ）使（ ）　　固（ ）成（ ）　　缘（ ）求（ ）

随（ ）应（ ）　　通（ ）达（ ）

· 3 ·

故事大讲堂

　　战国时期，宋国的一个农夫，他每天都要到田里辛苦地工作，以此来维持全家的生活。

　　有一天，他忽然看到一只兔子从草丛中窜出来，竟然一头撞死在田边的树上，这下可乐坏了这个农夫，他想："要是天天有这么样的大兔子送上门来，我岂不是比耕田要收获得多吗？"

　　从此以后，那个农夫不再耕田了，每天都坐在田边的树下等兔子来撞死在树上。可日复一日，几个月时间悄悄过去了，他连兔子的影子都没看到，眼看着田地都荒芜了，农夫仍旧天天在等兔子的到来。

　　一天，一个人路过这片田地，看到农夫的这种情形后，这人告诉农夫，不努力是不会有回报的，不要抱着侥幸的心理想白白地获得什么。那样只会是一场空。听了这人的话后，农夫才恍然大悟，从此便又开始努力地耕田。一家人因为农夫的辛勤耕耘，重新过上了稳定的生活。

　　在现实社会中，仍然有人在重复着守株待兔的故事，真心希望人们千万不要把希望寄托于侥幸，如果那样，到头来只能是一场空。

叶公好龙

接龙天地

叶公好龙 👉 龙飞凤舞 👉 舞文弄法 👉 法不容情 👉

情在骏奔 👉 奔车朽索 👉 索隐行怪 👉 怪诞诡奇 👉

奇风异俗 👉 俗下文字 👉 字里行间 👉 间见层出

教你识字

yè	suǒ	yǐn	dàn	guǐ	xiàn
叶	索	隐	诞	诡	见

深知其意

　　叶公，春秋时楚国贵族，名子高，封于叶（今河南叶县）。好，爱好。比喻表面上爱好某事物，但实际上并不是真正的喜爱。

趣学趣用

　　喜欢一件事，不能只是叶公好龙，而要从内心去出发，真正地去喜欢它并付诸努力才能拥有它。

实践出真知

说说你对哪些成语感兴趣，动动手查资料，把它们记录下来吧。

故事大讲堂

　　鲁国的鲁哀公经常向别人说自己是多么地渴望人才，于是就有个叫子张的人前来拜见。没想到子张等了七天，也没等到鲁哀公。于是临走时给鲁哀公的车夫讲了一个故事，并让车夫转述给鲁哀公听。当鲁哀公终于想起子张求见的事情时，车夫便把子张留下的那个故事讲给了他听。

　　故事是这样的：有个叫叶子高的人，总向人吹嘘自己是如何喜欢龙。他的衣带钩上画着龙，酒具上刻着龙，房屋里凡是雕刻花纹的地方也全都雕刻着龙。天上的真龙知道叶子高是如此喜欢龙，很是感动，便降落到叶子高的家里，叶子高看见了真龙，吓得脸都变了颜色，回头就跑。真龙也是十分失望。

　　由此看来，叶公并不是真的喜欢龙，他只是形式上、口头上喜欢罢了。现实中，我们千万不要做叶公好龙那样的人。

画蛇添足

接龙天地

画蛇添足 👉 足高气扬 👉 扬名立万 👉 万箭齐发 👉

发奋图强 👉 强本节用 👉 用非其人 👉 人五人六 👉

六臂三头 👉 头会箕敛 👉 敛容息气 👉 气傲心高

教你识字

tiān	qiáng	jī	liǎn	ào
添	强	箕	敛	傲

深知其意

　　画蛇添足，指画蛇时给蛇添上脚，后用来比喻人们做事没有抓住事物本质，生造虚构，反而徒劳无益，多此一举。

趣学趣用

　　这件工艺品制作得已经很完美了，如果再做过多修饰，简直就是画蛇添足了。

　　把下列词语先填空，再进行站队，挑出与"画蛇添足"意义相近的词语。

实践出真知

多（　）一（　）　　徒（　）无（　）　　恰（　）好（　）

恰（　）其（　）　　画（　）点（　）

故事大讲堂

战国时期，楚国的一个贵族在祭祀后，将一壶酒赐给门客。由于酒的数量有限，不足以供给每个人畅饮，门客们商量后决定通过画蛇比赛来决定谁将获得这壶酒。大家同意了这个提议，于是开始在地上画蛇。

有一个人画得非常快，几乎是最先完成的。在他拿起酒壶正要喝酒时，看到其他人还在忙碌地画着蛇，于是自作聪明地决定给蛇添上脚。正当他左手提着酒壶，右手继续画蛇时，另一个人也画完了蛇。那个人立刻从他手中夺过酒壶并质问他："蛇本来就没有脚，你为什么还要给它添上脚呢？"随后，那个人喝下了酒。

这个故事后来被用来比喻做事时不顾实际，从主观出发做出与实际不符的事来，于是显得就多此一举、弄巧成拙了，我们千万不能做自以为是的假聪明人。

对牛弹琴

接龙天地

对牛弹琴 👉 琴断朱弦 👉 弦外遗音 👉 音容如在 👉

在人口耳 👉 耳熏目染 👉 染旧作新 👉 新故代谢 👉

谢馆秦楼 👉 楼船箫鼓 👉 鼓腹含和 👉 和合双全

教你识字

xián	yí	xūn	rǎn	xiāo	fù
弦	遗	熏	染	箫	腹

深知其意

　　对牛弹琴，本指弹琴者对着毫无反应的吃草的牛弹奏音乐。后被用来比喻对不懂道理的人讲道理，或对外行人说内行话，都是白白浪费时间的。

趣学趣用

　　我花了一个多小时的时间跟他谈抽象画艺术，结果他一点兴趣都没有，简直是对牛弹琴。

实践出真知

说说你对哪些成语感兴趣，动动手查资料，把它们记录下来吧。

故事大讲堂

战国时期，鲁国有个著名的音乐家，名字叫公明仪。他善于弹琴，而且对音乐有着极深的造诣。他的琴声优美动听，人们听到如此美妙的琴声之后往往如醉如痴。有一次他带着琴来到城郊的田野散步踏青，青草的芳香吹到他的面前，他顿感心旷神怡。当他发现不远处有一头牛正在吃草时，决定为这头牛演奏一曲，于是他拨动琴弦，对着这头牛弹出了一首高雅的曲子。

虽然公明仪弹奏的曲子悦耳动听，但是那头吃草的牛儿却根本不理会那高雅的曲调，仍然低着头继续努力地吃草。公明仪见美妙的琴声并不能打动这头不懂音乐的牛，非常无奈。可是当公明仪抚动琴弦弹出一段像迷路的小牛犊发出的叫声时，大牛才像突然明白了什么似的，摇摇尾巴，竖起耳朵，听了起来。

后来，人们就用"对牛弹琴"来比喻对愚蠢的人讲深刻的道理，或对外行人说内行话，白白浪费时间；也用来讥讽一些人讲话不分对象的徒劳行为。

凿壁偷光

 接龙天地

凿壁偷光 ☞ 光宗耀祖 ☞ 祖功宗德 ☞ 德以报怨 ☞

怨天尤人 ☞ 人神共愤 ☞ 愤世嫉恶 ☞ 恶籍盈指 ☞

指不胜屈 ☞ 屈节辱命 ☞ 命里注定 ☞ 定国安邦

教你识字

záo	yào	yuàn	jí	jí	rǔ
凿	耀	怨	嫉	籍	辱

深知其意

凿，挖。原指西汉匡衡凿穿墙壁引邻舍之烛光读书。后用来形容家贫而读书刻苦。

趣学趣用

现代社会，虽然我们告别了凿壁偷光的时代，可是那种锲而不舍的学习精神还是要继续发扬的。

实践出真知

先填空，再找出下列词语中和"凿壁偷光"意思相近和相反的词语来，简单说说你判断的理由。

废（　）忘（　）　　　焚（　）继（　）　　　目（　）识（　）

不（　）无（　）　　　胸（　）点（　）　　　悬（　）刺（　）

囊（　）映（　）

故事大讲堂

匡衡，字稚圭，是西汉时期的著名学者，他家境贫寒，但却有着强烈的求知欲。据说，匡衡家中没有足够的灯烛供他晚上读书，但他又不愿放弃任何一个学习的机会。于是，他灵机一动，在自家墙壁上凿了一个小洞，借着邻居家微弱的灯光来读书。这个洞让知识的光芒穿透黑暗，照亮了他求知的道路。尽管环境艰苦，但匡衡凭借这种坚韧不拔的精神，日复一日，年复一年，坚持学习，终于成为一个学识渊博的人，后来更是官至丞相，深受人们的敬仰。

"凿壁偷光"这个成语，寓意着在艰难困苦的环境下，人们依然可以通过自己的努力和智慧去获取知识，追求光明。它鼓励我们在面对困难时，要像匡衡一样，有决心、有毅力，不畏艰难去实现自己的理想。

杞人忧天

接龙天地

杞人忧**天** 👉 **天**人之**际** 👉 **际**会风**云** 👉 **云**布雨**施** 👉

施号发**令** 👉 **令**不虚**行** 👉 **行**伍出**身** 👉 **身**单力**薄** 👉

薄今厚**古** 👉 **古**肥今**瘠** 👉 **瘠**牛偾**豚** 👉 **豚**蹄穰田

教你识字

qǐ	shī	bó	xíng	háng	fèn	tún	ráng
杞	施	薄	行	行	偾	豚	穰

深知其意

　　杞，是周代诸侯国名，在今河南杞县一带。杞人忧天的意思是说杞国有个人总是怕天要塌下来。后常用来比喻不必要的或者是缺乏根据的忧虑和担心。

趣学趣用

　　生活是美好的，不能因为一些小小的失败进而杞人忧天。

实践出真知

说说你对哪些成语感兴趣，动动手查资料，把它们记录下来吧。

_____

_____

_____

故事大讲堂

　　据说从前在杞国，有一个人总是会想到一些奇怪的问题，某天他突然觉得，假如有一天，天塌了下来，那所有人都会被活活压死。从此以后，他几乎每天都为这个问题发愁、烦恼。无论周围的人们怎样对他劝说，他都听不进去，致使他终日精神恍惚，脸色憔悴，害怕连连。后来的人就根据上面这个故事，引申出"杞人忧天"这个成语，用来讽刺那些为不必要和不切实际的问题而担忧的行为。

　　现实生活中，我们绝对不要做那种愚蠢的杞人忧天的人，要珍惜当下，积极快乐地生活。学习与生活中也许会经历一些挫折，但不必杞人忧天，忧心忡忡，而应该积极勇敢地去面对。

愚公移山

接龙天地

愚公移山 👉 山崩地裂 👉 裂土分茅 👉 茅塞顿开 👉

开门见山 👉 山穷水尽 👉 尽善尽美 👉 美不胜收 👉

收回成命 👉 命蹇时乖 👉 乖唇蜜舌 👉 舌剑唇枪

教你识字

sè	jiǎn	guāi
塞	蹇	乖

深知其意

比喻做事要有决心，有顽强的毅力，不怕艰难险阻。

趣学趣用

在学习上，我们要学习并发扬愚公移山的精神，矢志不渝，最终一定会实现目的。

先填空，再看看下列词语，那些是与"愚公移山"意义相近的。

实践出真知

锲（　）不（　）　　持（　）以（　）　　虎（　）蛇（　）

铁（　）磨（　）　　精（　）填（　）

故事大讲堂

　　"愚公移山"讲述的是一位名叫愚公的老人,他居住在两座大山——太行山和王屋山之间,出行极为不便。愚公决定要移走这两座山,于是带领家人开始了这项艰巨的任务。

　　面对邻居智叟的质疑,愚公坚定地说:"我虽年老体衰,但我有儿子,儿子又有孙子,孙子又有孩子,子子孙孙无穷尽也,而山不会增高,何愁不能移平?"愚公的行为深深地打动了天帝,他派两位神仙将山移到了别处。

　　"愚公移山"的故事,虽然表面上是在讲一个老人移山的壮举,实际上它传达的是不畏艰难、持之以恒的精神。愚公坚信只要坚持不懈,再大的困难也能克服,这种精神被誉为"愚公精神"。这个成语至今仍被广泛用来形容人面对困难时的坚定决心和毅力,鼓励人们无论遇到多大的困难,只要有恒心,就一定能取得最后的胜利。

　　愚公移山虽然是一则寓言故事,可我们从故事中获得的道理是极其宝贵的。记住,做什么事情都要有一种愚公移的山精神。

熟能生巧

 **接龙天地**

熟能生巧 ☞ 巧夺天工 ☞ 工于心计 ☞ 计上心来 ☞

来日方长 ☞ 长驱直入 ☞ 入不敷出 ☞ 出神入化 ☞

化为乌有 ☞ 有朝一日 ☞ 日月如梭 ☞ 梭天摸地

教你识字

fū	suō
敷	梭

深知其意

熟，熟练。巧，技巧。这个成语是说凡事熟练了就能掌握技巧或找到窍门。

趣学趣用

凡事总是这样，你做多了，就自然熟能生巧。

实践出真知

说说你对哪些成语感兴趣，动动手查资料，把它们记录下来吧。

故事大讲堂

北宋时期，有一个名叫陈尧咨的人，认为自己的射箭技术很高，所以从来不把别人放在眼里。有一天，他练习射箭，有一个年纪很大的卖油翁挑着担子从这里经过，他对周围叫好的人说："这也没有什么稀奇的。"

陈尧咨听了，很是气愤，问他："难道你也懂射箭？难道我的箭术不高明吗？"

老汉笑着说："你的箭术很高明，这不过是你的手法熟练罢了。我虽然不会射箭，但我的手法也很熟练。"说着，老汉取出一个葫芦，又取出一枚铜钱，把铜钱放在葫芦口上，然后用木勺从油桶里舀起一勺油，慢慢地将油倒入葫芦，油从钱孔进入，而钱不湿。众人一看，连连拍手叫绝，陈尧咨见了之后，内心感到非常惭愧。

在生活中，熟能生巧也可用来比喻任何工作只要反复实践，坚持不懈地努力，都能找到窍门，掌握熟练的技巧。

亡羊补牢

接龙天地

亡羊补牢 👉 牢骚满腹 👉 腹饱万言 👉 言信行直 👉

直来直去 👉 去暗投明 👉 明法审令 👉 令人瞩目 👉

目无余子 👉 子夏悬鹑 👉 鹑衣鷇食 👉 食箪浆壶

✏️ 教你识字

sāo	fù	yú	chún	kòu	dān	hú
骚	腹	余	鹑	鷇	箪	壶

🖊️ 深知其意

　　亡，丢失。牢，养牲口的圈。丢失了羊以后修补羊圈。比喻出了差错以后，及时设法补救，以防止出现更大的问题。

🖊️ 趣学趣用

　　出了问题后你们要给予足够的重视，现在亡羊补牢，还不算太晚。

实践出真知

　　先填空，然后看看下列词语中那些词语的意思最接近"亡羊补牢"的意思，说说你的理解。

知（　）就（　）　　悬（　）勒（　）　　回（　）是（　）

未（　）绸（　）　　知（　）则（　）　　浪（　）回（　）

故事大讲堂

　　古代的一个小村庄里，有个农夫以养羊为生。有一天，农夫发现自己的羊群中少了一只羊，便四处寻找，最后发现羊圈的篱笆有一个大洞。显然，羊就是从那里跑掉的。邻居们看到这一幕，纷纷劝他赶紧修补羊圈，以免再有羊丢失。然而，农夫却不以为然，他认为修补羊圈太麻烦，一只羊丢了就丢了吧。几天后，农夫又发现少了两只羊，他这才意识到问题的严重性。他后悔没有听从邻居们的建议，立即动手把羊圈的漏洞修补好。从此，他的羊再也没有丢失过。

　　这个故事告诉我们，出现问题后要及时改正错误，虽然可能已经遭受了一些损失，但总比继续损失下去要好。

草船借箭

 **接龙天地**

草船借箭 👉 剑拔弩张 👉 张三吕四 👉 四时充美 👉

美不胜收 👉 收成弃败 👉 败兵折将 👉 将遇良才 👉

才大心细 👉 细嚼慢咽 👉 咽喉要地 👉 地老天荒

教你识字

bá	nǔ	shèng	qì	jiáo	yān	hóu
拔	弩	胜	弃	嚼	咽	喉

深知其意

草船借箭的意思是运用智谋，借助外力来达到自己的目的。

趣学趣用

诸葛亮草船借箭，真是神机妙算，这种借助外力来实现目标的做法值得我们去学习。

 实践出真知

说说你对哪些成语感兴趣，动动手查资料，把它们记录下来吧。

故事大讲堂

　　赤壁之战前夕，东吴的周瑜设计陷害诸葛亮，要求他在三天内制造十万支箭。这是一个几乎不可能完成的任务，因为时间紧迫，材料短缺。然而，诸葛亮并未惊慌，他利用了自己的智谋。第三天清晨，江面弥漫着浓雾，诸葛亮命人将数十艘船装满稻草，然后让士兵们在船上敲鼓呐喊，假装要攻打曹军。曹操见状，怕有埋伏，不敢出兵，只是于是命令士兵射箭以作防御。箭矢如雨般落在稻草船上，待到天色渐亮，浓雾将散时，诸葛亮下令撤退。此时，船上的稻草已密密麻麻插满了箭矢。诸葛亮用智慧和勇气成功完成了看似不可能的任务，"草船借箭"的故事也因此流传下来。

　　这个成语寓意深长，它告诉我们，面对困境，要有智谋，善于利用现有资源，甚至可以将敌人的攻击转化为对自己有利的条件。草船借箭告诉我们要善于利用天时、地利、人和等有利条件来做成自己想做的事情。

掩耳盗铃

接龙天地

掩耳盗铃 👉 花遮柳掩 👉 败柳残花 👉 功成垂败 👉

好大喜功 👉 成人之好 👉 大器晚成 👉 江郎自大 👉

秋月寒江 👉 多事之秋 👉 夜长梦多 👉 日以继夜

教你识字

yǎn	zhē	liǔ	chuí
掩	遮	柳	垂

深知其意

掩，遮盖。盗，偷。遮住自己的耳朵去偷铃铛。比喻自己欺骗自己，用愚蠢的办法去掩盖无法掩盖的事。

趣学趣用

掩耳盗铃是一种表面看上去很聪明而实际上却很愚昧的做法。

实践出真知

仔细观察成语接龙，看看这种成语接龙与以往的有什么不同。

故事大讲堂

有一天，一个小偷看到市场上有一只精美的铜铃，他非常喜欢，想把它偷走。他知道这只铃铛一旦被摇动就会发出响亮的声音，所以他就想出了一个自认为聪明的主意。他把自己的耳朵紧紧捂住，认为即使铃铛响起，他自己也听不见了，就可以避开别人的注意。于是，小偷小心翼翼地靠近铃铛，伸手去摘。然而，当他触碰到铃铛时，铃铛自然地发出了清脆的声响。尽管他捂住了自己的耳朵，但铃声依然清晰地传到了周围人的耳朵里。结果，小偷被闻声而来的店主和路人当场抓获。

掩耳盗铃的故事告诉我们，客观事物是不依人的主观意志而改变的，就如故事中钟的响声一样，不管触碰的人是不是捂着耳朵，它都是要发出声音的。现实中，也不乏有人不正视客观事实，采取闭目塞听的态度和方法，最终只能是自食苦果。

狐假虎威

 **接龙天地**

狐假虎威 👉 威仪孔时 👉 时不可失 👉 失道寡助 👉

助画方略 👉 略迹论心 👉 心活面软 👉 软弱无能 👉

能不两工 👉 工工整整 👉 整本大套 👉 套头裹脑

教你识字

hú	jiǎ	wēi	yí	guǎ	lüè	jì	guǒ
狐	假	威	仪	寡	略	迹	裹

深知其意

　　假，借，凭借。威，威势，威风。狐狸凭借老虎的威势。比喻倚仗别人的权势逞威风，来吓唬人、欺压人。

趣学趣用

　　别学那些坏人，整天就知道狐假虎威地欺负别人。

实践出真知

说说你对哪些成语感兴趣，动动手查资料，把它们记录下来吧。

_____

_____

_____

故事大讲堂

在古代的森林里，有一只强大的老虎，它是森林中的霸主。一天，老虎捉到一只狐狸，准备吃掉，可狐狸却一点也不怕，还装出一副高傲的样子。老虎看到狐狸的傲慢，感到惊讶，问它为何如此大胆。狐狸回答说："你知道我是谁吗？我是天命之子，所有的动物都必须对我敬畏三分。如果你不信，我可以走在你前面，你会看到，所有的动物都会因为我的到来而逃跑。" 老虎半信半疑，就让狐狸走在前面。果然，森林里的动物看到老虎和狐狸，都吓得四处逃窜。老虎看到这一幕，误以为是狐狸的威严让动物们害怕，于是相信了狐狸的话，放过了它。

现实中，有些人会借着别人的权势或者地位来欺压他人，实际上他们自己并没有真正的实力。这个故事告诫人们，不要轻易地被表面的现象迷惑，要看到事情的本质。

拔苗助长

 **接龙天地**

拔苗助长 👉 长幼尊卑 👉 卑己自牧 👉 牧猪奴戏 👉

戏彩娱亲 👉 亲操井臼 👉 臼杵之交 👉 交臂历指 👉

指山说磨 👉 磨拳擦掌 👉 掌上珍珠 👉 珠还合浦

✏️ **教你识字**

xì	cǎi	yú	cāo	jiù	chǔ	bì	lì	huán	pǔ
戏	彩	娱	操	臼	杵	臂	历	还	浦

✏️ **深知其意**

通过拔起秧苗的办法让禾苗长得快些。比喻违反事物发展的客观规律，急于求成却遭到失败。

✏️ **趣学趣用**

学习要循序渐进，切不可拔苗助长，否则效果肯定不好。

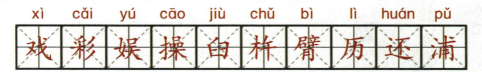

从下列词语中找出与"拔苗助长"的意思相反的词语。

实践出真知

揠苗助长　急功近利　循序渐进　顺其自然　适得其反

欲速不达

故事大讲堂

古代有一位农夫，他的性子很急。这一年，他种下了一片稻田。他每天都会去田里查看稻苗生长的情况，希望稻苗能快点长大，早日丰收。然而，他发现稻苗长得太慢，这让他非常焦虑。有一天，他突发奇想，决定帮助稻苗快速生长。于是，他跑到田里，一棵棵地把稻苗往上拔高了一些。他以为这样可以让稻谷快速成熟，但事实上，这些被他拔高的稻苗很快就枯萎了。农夫的举动破坏了稻苗的自然生长规律，导致稻苗无法正常生长，农夫最终颗粒无收。

这个故事告诉我们，事物的发展都有其自身的规律，不能急于求成，过度干预可能会适得其反，破坏事物的正常发展。"拔苗助长"这个成语，现在常用来形容做事过于急躁，急于求成，结果反而坏事。

卧薪尝胆

接龙天地

卧薪尝胆 👉 胆大泼天 👉 天子门生 👉 生生世世 👉

世道人心 👉 心到神知 👉 知白守黑 👉 黑家白日 👉

日新月著 👉 著作等身 👉 身名两泰 👉 泰山之安

教你识字

xīn	pō	zhù	tài
薪	泼	著	泰

深知其意

薪，柴草。睡在柴草上，经常品尝苦胆。比喻刻苦自励，发愤图强。

趣学趣用

历史上许多成功者都有过卧薪尝胆的经历。

实践出真知

说说你对哪些成语感兴趣，动动手查资料，把它们记录下来吧。

故事大讲堂

公元前 496 年，吴王阖闾在槜（zuì）李之战中战死，其子夫差继位。勾践闻讯，趁吴国新丧，率兵攻打吴国，却在誓要报仇的夫差的反击下大败，被迫向吴国求和。勾践作为人质生活在吴国，夫差让他住在破旧的马厩里，每天看着夫差的车马经过，以此羞辱他。为了铭记耻辱，勾践在床铺上铺满柴草，每晚都躺在上面感受疼痛，以提醒自己勿忘国耻，这就是"卧薪"的由来。此外，他还常常品尝苦胆，以提醒自己要记住战败的痛苦，这就是"尝胆"。在吴国的三年，勾践忍辱负重，表面上对夫差百依百顺，暗中却积极储备力量，等待复仇的机会。最终，他回到越国，励精图治，发展国力，终于在公元前 473 年击败吴国。夫差自杀，勾践一雪前耻。

"卧薪尝胆"的成语，象征着坚韧不拔的精神，寓意在逆境中保持毅力，忍受痛苦，以期东山再起。

负荆请罪

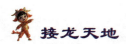 **接龙天地**

负**荆**请罪 👉 罪恶昭**著** 👉 **著**述等身 👉 身败名**隳** 👉

隳胆抽肠 👉 肠**回**气荡 👉 荡然一空 👉 空谷跫音 👉

音信杳无 👉 无疾而终 👉 终始若一 👉 一气浑成

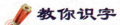 **教你识字**

jīng	zhāo	zhù	hún
荆	昭	著	浑

 深知其意

　　负，背着，背负。荆，荆条，荆杖，古时打人的刑具。请罪，请求责罚、惩处。背着荆条，承认自己有罪，请求责罚。一般表示主动向对方承认错误，赔礼道歉。

 趣学趣用

　　昨天在宴席上多有冒犯，今天特来负荆请罪，请您多多包涵。

　　从下列词语中找出与"负荆请罪"的意思相同的词语。

实践出真知

引咎自责　　知错即改　　登门谢罪　　肉袒面缚　　肉袒负荆

面缚舆榇　　兴师问罪

故事大讲堂

　　赵惠文王时期，赵国有两位重臣，一位是英勇善战的廉颇，另一位是智勇双全的蔺相如。在秦国威胁赵国时，蔺相如凭借智谋保全了和氏璧，又在渑池之会上维护了赵王的尊严，因此被封为上卿，地位在廉颇之上。廉颇对此心有不满，扬言要羞辱蔺相如。

　　然而，蔺相如深知国家利益高于个人恩怨，为了避免内讧，他始终回避廉颇。廉颇得知此事，深感愧疚。于是，他身背荆条，亲自来到蔺相如府上请罪，表示愿意接受任何惩罚。他说："我廉颇只知勇斗，不知大局，现在负荆请罪，望相如能原谅我。"蔺相如见状，深受感动，他接受了廉颇的道歉，两人从此和解，共同为赵国效力。

　　"负荆请罪"这个成语，寓意着勇于承认错误，主动承担责任，展现了行为主体高尚的人格魅力和深远的智慧。

望梅止渴

接龙天地

望梅止渴 👉 渴而掘井 👉 井底之蛙 👉 蛙鸣狗吠 👉

吠影吠声 👉 声动梁尘 👉 尘埃落定 👉 定国安邦 👉

邦家之光 👉 光风霁月 👉 月缺花残 👉 残渣余孽

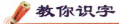

教你识字

jué	fèi	liáng	āi	bāng	jì	zhā	niè
掘	吠	梁	埃	邦	霁	渣	孽

深知其意

原意是人因为看见酸梅子就会流涎，因而止渴。后比喻愿望无法实现，只能用空想安慰自己。

趣学趣用

你这种望梅止渴的解决办法，是不切实际的，不过是自欺欺人罢了。

实践出真知

说说你对哪些成语感兴趣，动动手查资料，把它们记录下来吧。

故事大讲堂

　　三国时期，魏国的曹操英勇善战、足智多谋。有一次，他率领大军远征，行至一片荒芜之地。烈日炎炎，士兵们疲惫不堪，口渴得难以忍受。然而，方圆数里都找不到一滴水源，军队的士气开始低落。曹操见状，心中很焦虑，他深知如果士气崩溃，军队将无法前行。他眺望着远方，发现了一片茂密的树林，心中有了主意。他高声对士兵们宣布："前方不远，有一大片梅林，结满了酸甜可口的梅子，能提神解渴！"士兵们一听，立刻想起梅子的酸甜滋味，口中的唾液不自觉地分泌出来，仿佛真的尝到了甘美的梅子，口渴的感觉顿时减轻了许多。曹操的智谋成功提振了士兵们的士气，使他们忘记了眼前的困境，继续坚定地向前行进。

　　"望梅止渴"的故事告诉我们，有时候，希望和信念的力量，足以帮助我们度过难关。

杯弓蛇影

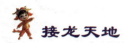
接龙天地

杯弓蛇影 👉 影只形孤 👉 孤标独步 👉 步履如飞 👉

飞蝇垂珠 👉 珠璧联辉 👉 辉煌金碧 👉 碧海青天 👉

天命有归 👉 归正首丘 👉 丘山之功 👉 功不补患

教你识字

shé	gū	chuí	lǚ	yíng	bì	huàn
蛇	孤	垂	履	蝇	璧	患

深知其意

将映在酒杯里的弓影误认为是蛇。比喻因疑神疑鬼而引起恐惧。

趣学趣用

事实的真相还没揭晓，我们先不要杯弓蛇影、庸人自扰。

把下列词语分成两类，并想想是按照什么标准去划分的。

实践出真知

草木皆兵　　疑神疑鬼　　风声鹤唳　　弓影浮杯　　疑人偷斧

处之泰然　　安之若泰　　谈笑自若　　泰然自若　　悠然自得

故事大讲堂

　　东汉时，有个名叫杜宣的人，一次，他应邀去上司应郴 (chēn) 家做客。席间，他发现酒杯中似乎映射出了一条蛇的影子，心中不禁一阵恐慌，以为自己误饮了蛇酒。回去后，尽管他的身体并无不适，但恐惧让他感到恶心、头晕，甚至病倒了。应郴听说此事，前来探望。他询问原因后，知道酒杯中的"蛇"其实是墙上悬挂的弓的影子。应郴解释清楚后，杜宣恍然大悟，心中的疑虑瞬间消散，病也奇迹般地好了。"杯弓蛇影"这个成语由此而来，它形象地描绘了因过度紧张、疑虑而产生不必要的恐惧心理。

　　这个故事提醒我们，有时候困扰我们的并非事物本身，而是我们对事物的错误认知或过度解读，消除误解，问题往往就会迎刃而解。

画龙点睛

接龙天地

画龙点睛 👉 睛鼓眼突 👉 突如其来 👉 来去自由 👉

由表及里 👉 里应外合 👉 合情合理 👉 理直气壮 👉

壮志凌云 👉 云天雾地 👉 地大物博 👉 博览群书

教你识字

gǔ	tū	líng	wù	bó	lǎn
鼓	突	凌	雾	博	览

深知其意

原是形容梁代画家张僧繇作画的神妙。后多比喻写文章或讲话以及艺术创作时，在关键处加上精辟的话语或者艺术处理，使作品或者内容更加典型深刻，生动有神。

趣学趣用

这个成语用的太精妙了，简直是画龙点睛。

实践出真知

说说你对哪些成语感兴趣，动动手查资料，把它们记录下来吧。

故事大讲堂

南北朝时期，有位名叫张僧繇（yáo）的画家，他的画技举世闻名，尤其擅长画龙。一天，他在一座宏伟的寺庙墙壁上绘制了四条巨龙，它们形态各异，威猛逼真，但有趣的是，每条龙都没有画眼睛。寺庙的僧侣和信徒对此感到好奇，他们问张僧繇为何不给龙画上眼睛。张僧繇回答说："如果我给龙点了眼睛，它们就会活过来，飞入云端。"众人听后，只当他是夸大其词，坚持要求他完成画作。张僧繇无奈，只好拿起画笔，轻轻地在其中两条龙的眼睛处点了一下。瞬间，神奇的事情发生了，那两条龙仿佛获得了生命，咆哮着挣脱墙壁，直冲云天，消失在人们的视线中。而未被点睛的龙依然静静地留在墙上。

"画龙点睛"这个成语寓意在创作或其他工作中，关键的细节往往能起到决定性的作用，使作品或事情达到完美。它强调了细节的重要性，也展示了艺术家的精湛技艺和独特洞察力。

塞翁失马

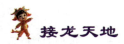

接龙天地

塞翁失马 👉 马上功成 👉 成何体统 👉 统一口径 👉

径行直遂 👉 遂迷不寤 👉 寤寐求之 👉 之死靡二 👉

二罪俱罚 👉 罚不及众 👉 众川赴海 👉 海内澹然

教你识字

sài	wēng	suì	wù	mí	fá	dàn
塞	翁	遂	寤	靡	罚	澹

深知其意

塞，边界险要之处；翁，老头。比喻一时虽然受到损失，也许反而因此能得到好处。表示事情的发展具有双重性，看似不利，实则有益。也就是说，坏事在一定条件下可变为好事。

趣学趣用

这次比赛我虽然输了，但塞翁失马，我也得到了很多宝贵的实战经验。

实践出真知

你能举出几个带有"马"字的成语，并分别写出它们的意思吗？

故事大讲堂

古时候，边塞有一个老者，人们都叫他塞翁。有一天，塞翁家的马无缘无故地跑到了游牧民族的地盘上。邻居们都来安慰他，认为这是一大损失。然而，塞翁却淡然地说："这未必不是一件好事。"

果然，几个月后，那匹马带领了一群胡人的骏马回到了塞翁的家中。邻居们纷纷前来祝贺，塞翁却依然保持冷静，他说："这可能并非好事。"

不久，塞翁的儿子在骑马时摔了下来，腿骨折了。人们又来安慰，他还是那句话："谁知道呢，这也许会变成好事。"果然，不久后爆发战争，村里的青壮年都被征召去打仗，大部分都没能回来，而塞翁的儿子因为腿伤免于出征，最终得以保全生命。

"塞翁失马"寓意着事物的好坏并不是绝对的，提醒人们面对生活中的起伏变化，应保持乐观，以长远的眼光看待问题。

三顾茅庐

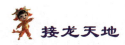

接龙天地

三顾茅庐 ☞ 庐山真面 ☞ 面红耳热 ☞ 热衷名利 ☞

利市三倍 ☞ 倍道兼行 ☞ 行不履危 ☞ 危亡关头 ☞

头梢自领 ☞ 领异标新 ☞ 新人新事 ☞ 事半功倍

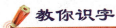

教你识字

gù	máo	lú	zhōng	jiān	shāo
顾	茅	庐	衷	兼	梢

深知其意

顾，拜访；茅庐，草屋。原为汉末刘备访聘诸葛亮的故事。比喻真心诚意，一再邀请某人。

趣学趣用

他身为公司人事总监，经常三顾茅庐，为公司招揽人才。

实践出真知

说说你对哪些成语感兴趣，动动手查资料，把它们记录下来吧。

故事大讲堂

　　三国时期，刘备为了复兴汉室，急需一位智谋之士。他听说诸葛亮是位才华横溢的贤者，便决定亲自拜访。诸葛亮住在南阳的草庐之中，因此这个故事被称为"三顾茅庐"。

　　第一次，刘备带着关羽和张飞来到草庐，却只见到诸葛亮的书童，得到先生外出了的回复。第二次，刘备等人冒雪再来，诸葛亮仍在外地。刘备并没有放弃，他深知人才难得，决心第三次尝试。

　　第三次，刘备独自一人再次来到草庐，这次诸葛亮正在午睡。刘备恭敬地在门外等候，直到诸葛亮醒来。诸葛亮被刘备的诚心所打动，最终出山辅佐刘备，成为蜀汉的重要谋士，帮助刘备建立了三分天下的格局。

　　"三顾茅庐"这个成语，描绘了刘备三次拜访诸葛亮的耐心与诚意，寓意对人才的尊重和珍视，以及坚持不懈的精神。它告诉我们，对于值得的人或事，要有足够的耐心和毅力，才能得到真正的收获。

专心致志

 **接龙天地**

专心致志 👉 志骄意满 👉 满座寂然 👉 然糠照薪 👉

薪尽火传 👉 传柄移籍 👉 籍籍无名 👉 名扬四海 👉

海枯石烂 👉 烂如指掌 👉 掌上明珠 👉 珠联璧合

教你识字

zhì	jì	kāng	xīn	bǐng	jí
致	寂	糠	薪	柄	籍

深知其意

致，极尽；志，心意，志趣。形容注意力很集中的样子。

趣学趣用

晓鸣每次上课都专心致志地听讲。

实践出真知

下列词语的意思与"专心致志"接近，此外，你还能找出 5 个以上这样的成语吗？

全神贯注　诚心诚意　屏气凝神　废寝忘餐

抟心揖志　之死靡它　聚精会神　专心一志

故事大讲堂

　　春秋时期，有一位名叫弈秋的围棋高手，他是当时最杰出的棋手。弈秋收了两个徒弟，一个聪明伶俐，一个资质平平。弈秋教他们同样的棋艺，但他们的学习态度截然不同。聪明的徒弟在上课时看似全神贯注，但心中却时常分心，想着打猎或者玩耍的事。资质平平的徒弟虽然天资不如人，但他一心一意，专心致志地听弈秋讲解，每一刻都全情投入。经过一段时间的学习，弈秋让两个徒弟对弈。结果，那个看似聪明、却常常分心的徒弟输得一败涂地，而专心致志的徒弟则表现出色，棋艺有了显著提升。

　　这个故事就是"专心致志"的典故，它告诉我们，天赋固然重要，但专注和努力往往更能决定成功。无论做什么事情，只有心无旁骛，全力以赴，才能达到最佳效果。这个成语至今仍被用来鼓励人们在学习和工作中保持专注。

闻鸡起舞

接龙天地

闻鸡起舞 👉 舞凤飞龙 👉 龙驰虎骤 👉 骤不及防 👉

防患未然 👉 然荻读书 👉 书读五车 👉 车攻马同 👉

同盘而食 👉 食玉炊桂 👉 桂馥兰香 👉 香象渡河

✏️ **教你识字**

chí	zhòu	dí	fù	chuī
驰	骤	荻	馥	炊

✏️ **深知其意**

闻，听到。听到鸡叫就起来舞剑。后比喻有志向的人及时奋发。

✏️ **趣学趣用**

好的成绩不是偶然得来的，我们需要有闻鸡起舞的精神，不断地积累才能进步。

实践出真知

说说你对哪些成语感兴趣，动动手查资料，把它们记录下来吧。

_____

_____

_____

故事大讲堂

东晋时期，祖逖和刘琨都是英雄人物。两人在少年时期就结下了深厚的友谊，并共同立下壮志，希望能在这动荡的时代中为国效力。他们住在同一屋檐下，鸡鸣声成为他们每日的闹钟。每当鸡鸣声响起，无论严寒酷暑，他们都会立刻起床，挥舞刀剑，锻炼体魄。他们在黑暗中舞剑的身影，诠释了他们的壮志雄心。日复一日，年复一年，他们以"闻鸡起舞"为誓，用实际行动诠释着坚韧与毅力。祖逖和刘琨的故事流传后世，"闻鸡起舞"也成为激励人们勤奋努力的成语。

这个故事告诉我们，无论面对何种困难，都要坚持不懈，用实际行动去追求梦想。即使在最黑暗的夜晚，也要有迎接黎明的决心和勇气。这个成语让我们明白，无论何时，我们都要保持那份不畏艰难、闻鸡起舞的毅力和决心。

指鹿为马

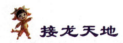 **接龙天地**

指鹿为**马** 👉 **马**工枚**速** 👉 **速**战速**决** 👉 **决**不待时 👉

时乖运**塞** 👉 **塞**谔匪**躬** 👉 **躬**逢其**盛** 👉 **盛**情难**却** 👉

却金暮**夜** 👉 **夜**以继**昼** 👉 **昼**想夜**梦** 👉 **梦**劳魂想

✏️ **教你识字**

méi	jiǎn	è	gōng	què	mù	zhòu	hún
枚	塞	谔	躬	却	暮	昼	魂

✏️ **深知其意**

指着鹿，说是马。比喻故意颠倒黑白，混淆是非。

✏️ **趣学趣用**

生活中我们要坚决反对那些指鹿为马、颠倒黑白的人。

实践出真知

在括号处填入恰当的字，使它的意思与"指鹿为马"的意思相近或者相反。

混（　）是（　）　　颠（　）黑（　）　　是（　）分（　）

以（　）为（　）　　识（　）成（　）　　张（　）李（　）

故事大讲堂

秦朝末年，秦二世的宠臣赵高权倾一时，野心勃勃，他想测试朝廷官员对他的畏惧程度，于是策划了一场荒谬的试验。

一天，在朝堂上，赵高故意带来一只鹿，却对秦二世说这是马。秦二世见状，疑惑不解，询问大臣们这是否为马。大部分官员畏惧赵高的权势，违心地附和说是马。只有少数正直的大臣坚持事实，指出这是鹿。结果，那些敢于直言的人都受到了赵高的残酷打压。

"指鹿为马"的故事，揭示了权力滥用的危害和人性扭曲的丑恶。它警示我们，真理有时会被强权所扭曲，正直和勇敢的发声显得尤为珍贵。这个成语常用来讽刺那些颠倒黑白、混淆是非的行为以及在权势面前丧失原则的人。

鹬蚌相争

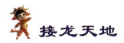

接龙天地

鹬蚌相争 👉 争妍斗艳 👉 艳丽夺目 👉 目注心凝 👉

凝脂点漆 👉 漆女忧鲁 👉 鲁阳指日 👉 日饮无何 👉

何德堪之 👉 之死靡他 👉 他山攻错 👉 错彩镂金

教你识字

yù	bàng	yán	níng	mí	lòu
鹬	蚌	妍	凝	靡	镂

深知其意

"鹬蚌相争，渔翁得利"的省语。比喻双方相持不下，而使第三者从中得利。

趣学趣用

现在咱俩这样的情势，如同鹬蚌相争，千万别被他人利用了。

实践出真知

说说你对哪些成语感兴趣，动动手查资料，把它们记录下来吧。

故事大讲堂

　　一个晴朗的午后，河滩上，一只蚌张开壳晒太阳。恰巧，一只饥饿的鹬鸟飞过，看到肥美的蚌，便猛地俯冲下去，用长喙啄住了蚌的肉。

　　蚌迅速闭合壳，紧紧夹住了鹬鸟的喙。两者陷入僵局，鹬鸟无法飞翔，蚌也无法脱身。它们互不相让，争吵不休，各自宣称自己会获胜。鹬鸟威胁要晒死蚌，而蚌则回应要饿死鹬鸟。

　　这时，一位渔夫路过，看到这一幕高兴坏了。他轻易地将两者一同捕获，回家享用了一顿美餐。鹬鸟和蚌因为各自的固执，最终两败俱伤，反而便宜了渔夫。

　　"鹬蚌相争"的成语告诫人们，在面对矛盾冲突时，过度的争斗只会让第三方得利，明智的做法是适当妥协，以避免两败俱伤。这个故事至今仍被广泛引用，提醒人们要有全局观念，懂得适时退让，避免无谓的争斗。

坐井观天

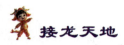 **接龙天地**

坐井观**天** 👉 **天**理良**心** 👉 **心**口不**一** 👉 **一**鸣惊人 👉

人声鼎**沸** 👉 **沸**沸扬**扬** 👉 **扬**长而**去** 👉 **去**伪存**真** 👉

真凭实**据** 👉 **据**理力**争** 👉 **争**先恐**后** 👉 **后**来居**上**

✏️ **教你识字**

dǐng	wěi	píng	kǒng
鼎	伪	凭	恐

✏️ **深知其意**

比喻人的视野狭窄，只看到局部，不能全面了解事物的全貌，就像青蛙坐在井底，只能看到井口那么大的天空一样。

✏️ **趣学趣用**

只有走出坐井观天的局限，才能看到更广阔的世界。

实践出真知

把下列词语进行比对，把与"坐井观天"意思相近的找出来，看看剩下的是否都是它的反义词。

画地为牢　　管窥蠡测　　鼠目寸光　　孤陋寡闻

一孔之见　　高瞻远瞩　　见多识广　　眼观六路

故事大讲堂

　　一只生活在井底的青蛙，它自以为井口就是世界的全部，对井外的世界一无所知。有一天，一只海鸟飞过井口，它告诉青蛙外面有一个广阔无边的大海。青蛙却嘲笑海鸟，坚信井口就是天空的边界，认为海鸟是在胡言乱语。海鸟试图解释，但青蛙始终无法理解，因为它从未离开过井底，没有亲身体验过外面的世界。这个故事以青蛙的无知和固执，揭示了视野局限带来的认知偏差。"坐井观天"的成语告诫我们要有开阔的视野，勇于探索未知，不能满足于已知的一隅之地。只有跳出自己的舒适区，才能真正理解世界的宽广与复杂。

　　在生活中，我们应避免成为那只固守井底的青蛙，要懂得只有不断学习，拓宽知识面，才能更好地理解和适应这个世界。

刻舟求剑

接龙天地

刻舟求剑 👉 剑戟森森 👉 森罗万象 👉 象箸玉杯 👉

杯觥交错 👉 错节盘根 👉 根壮叶茂 👉 茂林修竹 👉

竹报平安 👉 安于所习 👉 习与体成 👉 成城断金

教你识字

jǐ	zhù	gōng	mào
戟	箸	觥	茂

深知其意

舟，船。求，寻找。比喻办事刻板拘泥，不知根据实际情况处理问题。

趣学趣用

要知道这个世界是变化发展的，我们千万不可用刻舟求剑，静止地看问题。

实践出真知

说说你对哪些成语感兴趣，动动手查资料，把它们记录下来吧。

故事大讲堂

　　有个渡江的楚国人，不慎将佩剑掉入水中。他立刻在船上做了一个记号，对旁人说："我的剑就是从这里掉下去的。"众人不解，问他为何不立刻下水在剑掉入水中的地方寻找。他回答说："不必，我已经在船上做了标记，剑就在那个位置。"等船靠岸，他按照船上的记号下水找剑，自然一无所获。人们都笑他愚蠢，因为他不明白船在移动，而剑却不会随着船移动。"刻舟求剑"这个成语，常用来形容人固执己见，不知变通，不能根据实际情况调整方法或态度。故事中的主人公，虽然在当时记住了剑掉落的位置，却忽略了船与水的相对运动，导致了他的行为变得荒谬可笑。

　　在现实生活中，我们应该灵活应对变化，不能拘泥于固定的方式或思维模式，否则可能会像刻舟求剑的人一样，找不到解决问题的正确办法。

铁杵成针

 接龙天地

铁杵成针 👉 针芥之投 👉 投井下石 👉 石赤不夺 👉

夺人所好 👉 好乱乐祸 👉 祸不单行 👉 行尸走肉 👉

肉山脯林 👉 林寒涧肃 👉 肃然起敬 👉 敬而远之

教你识字

chǔ	jiè	chì	fǔ	jiàn	sù
杵	芥	赤	脯	涧	肃

深知其意

把铁杵磨成细针，比喻只要有毅力，肯下苦功，事情就能成功。

趣学趣用

我们要想把事情做好，就一定要发扬铁杵成针的精神，一点点地去攻克它。

找出下列词语中表示干劲充足、信心满满意思的词语。

实践出真知

愚公移山　　持之以恒　　奋发图强　　半途而废

故事大讲堂

　　唐朝著名诗人李白年少时十分聪明，但他很贪玩，对学业并不上心。有一次，他在山中游玩，偶遇一位老妇人在河边磨一根粗大的铁棒。他好奇地询问老妇人在做什么，老妇人回答说她正在把铁棒磨成绣花针。李白听后大吃一惊，问这样的工作怎么可能完成。老妇人告诉他，只要有恒心和毅力，铁杵也能磨成细针。李白深受触动，明白了无论目标多么遥不可及，只要坚持不懈，都能实现的道理。从此，他发奋读书，终成一代诗仙。

　　"铁杵成针"这个成语，寓意着只要有恒心和毅力，再艰难的事情也能做成功。这个故事告诉我们，无论面对多大的困难，只要有坚定的决心和持续的努力，就能把看似不可能的事情变为可能。在生活中，我们应该学习老妇人铁杵成针的精神，无论遇到什么挑战，都要坚持到底，直至成功。

黔驴技穷

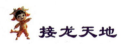 **接龙天地**

黔驴技穷 ☞ 穷当益坚 ☞ 坚壁清野 ☞ 野草闲花 ☞

花明柳暗 ☞ 暗中作乐 ☞ 乐乐陶陶 ☞ 陶熔鼓铸 ☞

铸成大错 ☞ 错认颜标 ☞ 标歧立异 ☞ 异口同声

✎ 教你识字

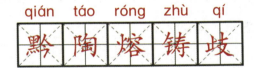

qián	táo	róng	zhù	qí
黔	陶	熔	铸	歧

深知其意

　　黔：今贵州省；穷：尽。来到黔地的驴，把本领用尽了。比喻极为有限的一点本领也用尽了。

✎ 趣学趣用

　　这个人在谈判时的业务知识太匮乏了，真是到了黔驴技穷的地步。

 实践出真知

　　说说你对哪些成语感兴趣，动动手查资料，把它们记录下来吧。

故事大讲堂

古代的黔地没有驴。有一天，有人从外地引进了一头驴，放在山林中。

起初，附近的老虎看到这个陌生的庞然大物，感到非常恐惧。但经过一段时间的观察，老虎发现驴只会发出一些没有威胁的声音，并无特殊技能。于是，老虎逐渐接近驴，甚至尝试挑衅它。驴在被激怒后，只能踢腿、嘶鸣，但这些都无法伤害到老虎。

最终，老虎看透了驴的所有"本领"，在一次袭击中成功地杀死了驴。

这个成语警示人们，如果只有表面的威势而无实质的能力，早晚会被他人看穿，甚至可能导致严重的后果。在生活中，我们应不断提升自己，自强不息，避免成为无真才实学而虚张声势的人。

邯郸学步

接龙天地

邯郸学步 👉 步步为营 👉 营私植党 👉 党恶朋奸 👉

奸淫掳掠 👉 掠地攻城 👉 城狐社鼠 👉 鼠盗狗窃 👉

窃据要津 👉 津关险塞 👉 塞北江南 👉 南辕北辙

教你识字

hán	dān	yín	lǔ	lüè	qiè	jīn	sài	yuán	zhé
邯	郸	淫	掳	掠	窃	津	塞	辕	辙

深知其意

邯郸，战国时赵国的都城；学步，学习走路。比喻一味地模仿别人，不仅没学到技能，反而把原来自己的本事也丢了。

趣学趣用

人在生活中要做真实的自我，切不可一味地邯郸学步，否则到头来得不偿失。

在下列词语中的括号处填上恰当的字，体会一下两个词语有什么不同。

"邯郸学步"和"数（　）忘祖"都有"忘本"的意思。

实践出真知

故事大讲堂

　　战国时期，有个燕国的人对邯郸人的走路方式十分羡慕，认为他们的步伐优雅独特。于是，他决定去邯郸学习走路。他一心模仿邯郸人的步态，结果不仅没有学会，反而连原来自己的走路方式也忘了，最后只能爬行回去。这个故事形象地揭示了盲目模仿他人，可能会失去自我，甚至陷入困境的道理。"邯郸学步"这个成语常用来批评那些不加选择地模仿别人，却忽视自身条件，结果得不偿失的行为。

　　在现实生活中，我们应该借鉴别人的优点，但也要保持自我的特色，不能一味模仿，否则可能会失去自我，陷入困境。每个人都有自己的特点和优势，应该在尊重自我的基础上，学习、成长和进步。

名落孙山

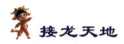 **接龙天地**

名落孙山 👉 山吟泽唱 👉 唱筹量沙 👉 沙里淘金 👉

金玉满堂 👉 堂堂正正 👉 正本澄源 👉 源清流洁 👉

洁己奉公 👉 公不离婆 👉 婆娑起舞 👉 舞弊营私

教你识字

yín	zé	chóu	táo	chéng	pó	suō	bì
吟	泽	筹	淘	澄	婆	娑	弊

深知其意

　　孙山，宋朝人，在一次科考中，排在最后一位。名字排在孙山后面。比喻应考不中或选拔时未被录取，也就是榜上无名。

趣学趣用

　　在这次公务员考试中，我虽然名落孙山，但获得了宝贵的经验。

实践出真知

说说你对哪些成语感兴趣，动动手查资料，把它们记录下来吧。

故事大讲堂

　　宋真宗年间，有一位名叫孙山的读书人参加在外地的科举考试，有个同乡人让自己的孩子跟随孙山一同前往。那次科举考试中，孙山榜上有名，但位列榜末，成为最后一名。当孙山返回家乡，同乡人纷纷前来询问他儿子的考试情况，期待听到好消息。孙山微笑着回答："这次考试，我是最后一名，你的孩子却排在我'孙山'之后。"此言一出，同乡人才明白，他的孩子并未及第，以后，"孙山"便成为垫底的代名词。

　　"名落孙山"这一成语，形容在考试或竞争中未能入选、名次靠后。无论在学习还是生活中，我们都要勇于面对挫折，坚持不懈，因为只有不断努力，才能避免"名落孙山"的命运。同时，即使遭遇失败，也要保持乐观，因为每一次失败都是通往成功的阶梯。

夸父逐日

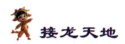 **接龙天地**

夸父逐日 ☞ 日上三竿 ☞ 竿头日进 ☞ 进德修业 ☞

业精于勤 ☞ 勤能补拙 ☞ 拙贝罗香 ☞ 香消玉殒 ☞

殒身不恤 ☞ 恤老怜贫 ☞ 贫无置锥 ☞ 锥处囊中

教你识字

kuā	zhuō	yǔn	xù	zhuī	náng
夸	拙	殒	恤	锥	囊

深知其意

夸父，神话故事中的人物。逐，追赶。夸父追赶太阳。也作"夸父追日"。比喻征服、战胜大自然的坚强决心，也用来比喻不自量力。

趣学趣用

有夸父逐日的精神，还怕干不成事吗？

 实践出真知

想想有哪些是带有"天"字的成语，分别写出它们的意思。

故事大讲堂

传说在远古时代，夸父看到太阳每天从东方升起，西方落下，心中萌生了追赶太阳的雄心壮志。他坚信，只要追到太阳，就能让世界永享光明。

夸父开始了漫长而艰难的追逐，他跨过河流，翻越山脉，夜以继日，不顾疲劳。尽管他的身体强壮如山，但太阳的炽热与无情的沙漠却让他口渴难耐。终于，夸父力竭，倒在了追逐的路上。他用最后的力量，将手中的拐杖扔向远方，化为一片茂密的桃林，供后来的旅人解渴。

"夸父逐日"这个成语，象征对理想和目标的执着追求，以及不怕困难，勇往直前的精神。夸父虽未能实现目标，但他坚韧不拔的毅力和无私奉献的精神，被后人传颂。这个故事鼓励我们在生活和事业中，要有坚定的信念，无畏挑战，即使面临困境，也要坚持到底，为理想而奋斗。

班门弄斧

 接龙天地

班门弄**斧** 👉 **斧**钺之**诛** 👉 **诛**锄异**己** 👉 **己**饥己**溺** 👉

溺爱不**明** 👉 **明**月入**怀** 👉 **怀**敌附**远** 👉 **远**谋深**算** 👉

算无遗**策** 👉 **策**勋饮**至** 👉 **至**诚高**节** 👉 **节**外生枝

教你识字

fǔ	yuè	zhū	chú	nì	xūn
斧	钺	诛	锄	溺	勋

深知其意

在鲁班门前舞弄斧子。比喻在行家面前卖弄本领，不自量力。一般多用于自谦。

趣学趣用

我这点知识本领在您面前展示，纯属 班门弄斧。

实践出真知

说说你对哪些成语感兴趣，动动手查资料，把它们记录下来吧。

_____

_____

故事大讲堂

　　鲁班，春秋时期的能工巧匠，被誉为木工的祖师爷。

　　有一天，一个年轻的木匠在一扇大红门前举起了手里的斧子，说："什么木料到了我手里，都会变成又漂亮又实用的东西。"旁边的人听了，指了指他身后的门，问："那你能做出比这扇门还好的门么？"木匠撇了撇嘴，说："十五天后我们再在这里相见，到时候我会带着做好的门来。"

　　但直到约定的那天，小木匠也没做出更好的门来，他只好和对方说了实话。当他询问是谁做的这扇红门时，那人哈哈大笑，说："这是鲁班家，门是他亲手做的。"

　　这个故事比喻在行家面前卖弄本领。它告诫我们在专业领域，要谦虚学习，尊重前辈。同时，也鼓励我们要有敬畏之心，不断精进，才能在各自的领域中取得实质性的进步。

守口如瓶

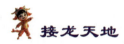接龙天地

守口如瓶 👉 瓶坠簪折 👉 折柳攀花 👉 花繁叶茂 👉

茂林修竹 👉 竹柏异心 👉 心闲手敏 👉 敏而好学 👉

学疏才浅 👉 浅见寡闻 👉 闻鸡起舞 👉 舞弊营私

教你识字

zhuì	zān	pān	mào	bǎi	guǎ	bì
坠	簪	攀	茂	柏	寡	弊

深知其意

守口，紧闭嘴巴。如瓶，像加盖的瓶子那样封得严密。形容说话谨慎或严守秘密。

趣学趣用

小贵对我说的话，我绝对会守口如瓶，因为这是他对我的信任。

实践出真知

利用工具书了解下列词语的意思，并在其中找出与"守口如瓶"意思相反的词语。

讳莫如深　秘而不宣　三缄其口　讳莫如深　尽情吐露

说长道短　缄口不言　信口开河　口若悬河　和盘托出

口无遮拦　信口雌黄　夸夸其谈　噤若寒蝉

故事大讲堂

　　富弼是北宋时期一位智慧与德行兼具的政治家。他在朝中担任重臣之时，正值国家多事之秋，朝廷内外充满了错综复杂的政治斗争与外交纷争。作为核心决策者之一，富弼经常接触到许多高度机密的信息，这些信息关乎国家安危、民生福祉，一旦泄露，后果不堪设想。

　　面对这样的重任，富弼展现出了超乎常人的谨慎与自律。他深知"言多必失"的道理，更明白保密工作对于国家的重要性。因此，无论是对待朝堂之上的同僚，还是家中的亲人挚友，富弼都始终保持着高度的警惕，对于那些未公开的机密信息，他从不轻易提及，更不会随意泄露给外人。

　　富弼的这种对待国家机密的态度，就如同将珍贵的秘密紧紧锁在了一个无懈可击的瓶子里一样。人们称赞富弼是"守口如瓶"的典范，他的保守国家机密的事迹也逐渐演变成"守口如瓶"这个成语，其被用来形容那些能够严格保守秘密、不轻易透露口风的人。

鱼目混珠

接龙天地

鱼目混珠 👉 珠翠之珍 👉 珍禽异兽 👉 兽聚鸟散 👉

散发抽簪 👉 簪盍良朋 👉 朋党之争 👉 争长竞短 👉

短小精悍 👉 悍然不顾 👉 顾复之恩 👉 恩将仇报

教你识字

hùn	cuì	qín	zān	hé	hàn
混	翠	禽	簪	盍	悍

深知其意

混，混同，冒充。拿鱼眼睛混在珍珠里面，用鱼眼来假冒珍珠。比喻以假充真。

趣学趣用

无良商贩拿次品上架，以次充好，鱼目混珠，其行为十分可恶。

实践出真知

说说你对哪些成语感兴趣，动动手查资料，把它们记录下来吧。

故事大讲堂

　　从前，有一个十分善于辨别珠宝的人，名字叫满愿。有一次，满愿出远门带回来一颗珍珠。他的朋友见到这颗珍珠后，都啧啧称赞，说是他们见过的最大、最好的珍珠。

　　满愿的邻居寿量也有一颗祖传的大珍珠。因为祖先留下了"不可轻易示人"的遗训，他从没把珍珠拿出来给别人看过。

　　一次，满愿和寿量得了同一种怪病。一位郎中先后为满愿和寿量诊治，说："这个病需要用珍珠粉做药引，才能药到病除。"于是，两人各自从自家的珍珠上磨下来一些粉末，掺在药里吃了下去。满愿吃下药没两天就好了，可寿量却一点儿也没有好转的迹象。家人觉得奇怪，就又请来了那位郎中。郎中听了他们的话后问道："能不能看看你们用的珍珠？"寿量的家人拿来了珍珠，郎中看后笑了起来，说："这只是一种大鱼的眼睛。你们用鱼目混作珍珠，怎么能治好他的病呢？"

　　"鱼目混珠"的意思就是用鱼眼睛假冒珍珠。这个成语通常用来比喻以假乱真、以次充好的行为。

开卷有益

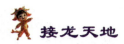

接龙天地

益上损下 👉 下井投石 👉 石城汤池 👉 池鱼幕燕 👉

燕骏千金 👉 金玉满堂 👉 堂堂之阵 👉 阵马风樯 👉

墙倾楫摧 👉 催人泪下 👉 下笔成章 👉 章决句断

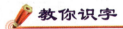

教你识字

sǔn	mù	jùn
损	幕	骏

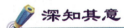

深知其意

　　卷，书；益，好处；开卷，就是打开书本，借指读书。打开书本阅读，就会有所得益；也可以解释为只要读书，总是有好处的。

趣学趣用

　　人一定要多读书，因为古人早已经告诉我们"开卷有益"。

实践出真知

开卷有益强调了读书的重要性，你都读过哪些书，有什么收获？

故事大讲堂

宋太宗赵炅（赵光义），是一位热爱读书的君主。据史书记载，赵炅在位期间，尽管政务繁忙，但他始终坚持每天阅读。他曾说："开卷有益，朕不以为劳也。"有一次，赵炅在批阅奏折时遇到难题，正巧他在前一天阅读的书中找到了相关解决之道。这件事更加坚定了他"开卷有益"的信念，在他的倡导下宋朝的文化教育得到了极大的发展。他曾命文臣李昉等人编写一部规模宏大的分类百科全书——《太平总类》，对于这么一部巨著，宋太宗规定自己每天至少要看两三卷，一年内全部看完，遂更名为《太平御览》。

"开卷有益"这个成语至今仍被广泛使用，它鼓励人们多读书。因为书籍是知识的海洋，通过阅读，我们可以开阔视野，增长智慧。

口蜜腹剑

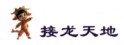
接龙天地

口蜜腹剑 👉 剑老无芒 👉 芒刺在背 👉 背水一战 👉

战无不克 👉 克俭克勤 👉 勤学苦练 👉 练兵秣马 👉

马首欲东 👉 东挨西撞 👉 撞阵冲军 👉 军不血刃

教你识字

fù	máng	mò	āi	zhuàng	rèn
腹	芒	秣	挨	撞	刃

深知其意

比喻口头上说话好听、像蜜一样甜，而肚子里却怀着暗害人的毒辣阴谋。也形容人阴险狡猾。

趣学趣用

与人相处切不可口蜜腹剑，要与人为善，真诚待人。

实践出真知

说说你对哪些成语感兴趣，动动手查资料，把它们记录下来吧。

故事大讲堂

　　唐朝有一位名叫李林甫的大臣，他以巧舌如簧、善于言辞而闻名。他对待同僚总是笑容可掬，言语之间尽是甜言蜜语，让人如饮甘醇，故被称为"口有蜜"；然而，他的内心却如同一把锐利的剑，深藏不露，随时准备刺向那些得罪过他或者威胁到他地位的人，故又称为"腹有剑"。有一次，一位名叫张九龄的正直大臣因直言劝谏，触怒了李林甫。李林甫表面上与张九龄亲热无间，邀请他赴宴，席间满口赞誉，让张九龄深感其诚意。然而，宴后，他却在皇帝面前巧妙地挑拨离间，将张九龄的忠言描绘成对皇权的挑衅，最终导致张九龄被贬。

　　这个故事警示我们，面对人际交往，不能只看表面，更要看清人的内心，以免被欺骗。同时，也告诫人们应保持诚实正直，不做"两面人"。

破釜沉舟

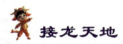 接龙天地

破釜沉舟 👉 舟车劳顿 👉 顿腹之言 👉 言之有礼 👉

礼不亲授 👉 授人口实 👉 实逼处此 👉 此唱彼和 👉

和衷共济 👉 济济彬彬 👉 彬彬文质 👉 质而不野

🖊 教你识字

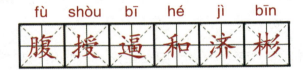

fù	shòu	bī	hé	jì	bīn
腹	授	逼	和	济	彬

🖊 深知其意

　　釜，锅。舟，船。把饭锅打破，把渡船凿沉。比喻下定决心，不顾一切地进行到底或战斗到底。

🖊 趣学趣用

　　如今事已至此，我们只有破釜沉舟干到底了，也许会有转机。

实践出真知

　　下列词语都是形容进行抉择的，你认为哪种态度行为最可取？

背水一战　　义无反顾　　孤注一掷　　血战到底　　优柔寡断

瞻前顾后　　举棋不定　　激流勇进　　犹豫不决　　急流勇退

故事大讲堂

秦朝末年，秦二世派大将章邯攻打赵国。赵军不敌，被秦军围困在巨鹿。楚怀王封宋义为上将军，项羽为副将，率军去救援赵国。宋义带兵到安阳后，不想救援赵国，停滞不进。项羽忍无可忍，杀了宋义后自己带着军队赶往巨鹿。

当时，秦军有30万人，而楚军只有几万人，并无胜算。楚军全部渡过漳河后，项羽让士兵们饱餐一顿，然后命令士兵们把渡河的船凿穿沉入河里，把做饭用的锅砸个粉碎，把房屋帐篷全部烧毁，每人只带三天干粮，以此表明要决一死战。没有了退路的楚军将士们个个奋勇拼杀，以一当十。最终以少胜多，大败秦军。

这个故事告诉我们，有时候，面对困境，只有背水一战的决心和行动，才能激发最大的潜力，创造出可能的奇迹。而"破釜沉舟"这个成语比喻决一死战。也比喻下定决心，不顾一切干到底。

背水一战

 **接龙天地**

背水一战 👉 战火纷飞 👉 飞鹰奔犬 👉 犬马恋主 👉

主敬存诚 👉 诚惶诚恐 👉 恐后无凭 👉 凭几据杖 👉

杖头木偶 👉 偶烛施明 👉 明昭昏蒙 👉 蒙在鼓里

🖊 **教你识字**

yīng	huáng	kǒng	píng	ǒu	hūn	méng
鹰	惶	恐	凭	偶	昏	蒙

🖊 **深知其意**

　　指前临大敌，背靠江河，没有任何出路，只有决一死战才能生存。比喻在绝境中为寻求出路而拼死一战。

🖊 **趣学趣用**

　　要想绝处逢生，只有背水一战。

实践出真知

　　说说你对哪些成语感兴趣，动动手查资料，把它们记录下来吧。

故事大讲堂

楚汉争霸期间，韩信奉刘邦之命攻打赵国。赵国军队在井陉口布阵，兵力远超韩信的汉军。面对强敌，韩信决定采取奇策。

他选择了地势险要、背后是河水的战场，布阵时将汉军旗帜背对河水，只留一条出路。韩信深知，这种布阵方式会让士兵们感到绝望，但同时也将绝望转化为求生的决心。他告诉士兵们，只有奋力向前，才能生存，退路已经被断绝。这一策略极大地激发了士兵们的斗志，他们明白唯有殊死一搏，才有生机。

战斗开始后，赵军以为可以轻易取胜，便全力出击。然而，韩信在此时设下伏兵，趁赵军倾巢而出之际，迅速攻占了赵军大营，升起汉军旗帜。赵军看到自己的大营被占领，军心大乱，纷纷溃逃。而此时，韩信又命令士兵打开河堤，赵军想要回撤，却被洪水阻挡，最终大败。

韩信"背水一战"的故事，展现了韩信的胆识和智谋，也揭示了一个道理：在绝境中，坚定的信念和勇气往往能创造出令人意想不到的胜利。

手不释卷

接龙天地

手不释**卷** 👉 **卷**甲束**兵** 👉 **兵**不厌**诈** 👉 **诈**哑佯**聋** 👉

聋者之**歌** 👉 **歌**舞太**平** 👉 **平**步青**云** 👉 **云**屯席**卷** 👉

卷帙浩**繁** 👉 **繁**丝急**管** 👉 **管**鲍分**金** 👉 **金**镶玉裹

教你识字

shù	yàn	zhà	yǎ	lóng	zhì	bào	xiāng
束	厌	诈	哑	聋	帙	鲍	镶

深知其意

　　释，放下；卷，书本。手里的书舍不得放下。形容人读书用功或读书读到入迷。

趣学趣用

　　小明对阅读古诗文很感兴趣，读起来经常是手不释卷。

　　在括号中填入恰当的字，看看能发现什么规律。

实践出真知

　　如（　）重（　）　　　解甲（　）（　）　　　心（　）形（　）

　　冰（　）前（　）

故事大讲堂

　　吕蒙是东吴的著名将领，他英勇善战，但在文化素养方面较为欠缺。孙权深知一个优秀的领导者不仅需要武勇，更需才学，于是他劝诫吕蒙："你现在身居高位，应当多读书，增长见识，岂可只知武事而忽视学问？"吕蒙起初以事务繁忙为由推托，但孙权坚定地说："我难道不比你忙吗？我还常常抽空读书，受益匪浅。"

　　受到孙权的激励，吕蒙开始用心读书，无论行军打仗还是日常生活，他都手不释卷，勤奋学习。日积月累，他的知识面和见识都有了显著提升，连才子鲁肃都对他刮目相看，感叹道："与你交谈，你不再是昔日的阿蒙了。"

　　"手不释卷"的成语，形象地描绘了吕蒙勤奋好学、坚持不懈的精神，寓意着无论何时何地，我们都应保持学习的热情，不断提升自我。这个故事也提醒我们，即使在忙碌的生活中，也要抓住点滴时间，充实自己。

白驹过隙

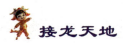

接龙天地

白驹过隙 👉 隙穴之窥 👉 窥伺效慕 👉 慕古薄今 👉

今是昔非 👉 非人不传 👉 传道受业 👉 业精于勤 👉

勤能补拙 👉 拙嘴笨舌 👉 舌战群儒 👉 儒雅风流

教你识字

jū	kuī	sì	zhuō
驹	窥	伺	拙

深知其意

　　白驹，白色骏马，比喻太阳；隙，缝隙。像白马在细小的缝隙前跑过一样。形容时间过得极快。

趣学趣用

　　时间犹如白驹过隙，我们在青年时代千万要珍惜大好时光，努力学习专业知识。

实践出真知

　　说说你对哪些成语感兴趣，动动手查资料，把它们记录下来吧。

故事大讲堂

这是庄子描述的一个美丽的场景：阳光下，一匹白马穿越狭小的缝隙，瞬间消失不见，如同时间在我们生活中快速流逝。庄子以此告诫人们，生命就像那白马穿过缝隙，迅速逝去。他倡导人们要珍惜每一刻，因为时间如流水，一旦流逝就无法再找回。

这个成语常常用来形容时间过得飞快，提醒我们要珍视时间，充分利用每一刻。无论是在学习、工作还是生活中，我们都应该把握好每一寸光阴，让每一天都有所收获，有所成长，避免当回首过去时悔恨连连。

如鱼得水

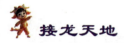 **接龙天地**

如鱼得水 👉 水乳交融 👉 融合为一 👉 一气呵成 👉

成人之善 👉 善罢甘休 👉 休明盛世 👉 世道人心 👉

心安理得 👉 得寸进尺 👉 尺寸之地 👉 地久天长

✏️ **教你识字**

rǔ	róng	shèng	chǐ
乳	融	盛	尺

✏️ **深知其意**

　　像鱼得到水一样。比喻得遇跟自己相投的人或进入合适的环境。也形容人有所助力。

✏️ **趣学趣用**

　　有了名将的助阵，军队突破了前进的关隘，真是如鱼得水。

实践出真知

　　在括号中填入恰当的字。

如（ ）添（ ）　　游（ ）有（ ）　　寸（ ）难（ ）

梦（ ）之（ ）

故事大讲堂

张良是战国末期韩国贵族的后代，他才智过人，精通兵法。秦末天下大乱，张良决心推翻暴秦，他遇见了刘邦，一个身份卑微却胸怀大志的豪杰。张良在刘邦身边就像鱼儿找到了适宜生存的水域，他的智谋得到充分的施展。在刘邦的领导下，张良提出了许多关键的战略建议。例如，劝刘邦先入关中，避免与项羽正面冲突；在鸿门宴上，他巧妙地保护刘邦免于项羽的暗杀等。这些策略使得刘邦在乱世中步步为营，最终在楚汉争霸中胜出，建立了强大的汉朝。张良的智谋与刘邦的领导力相互补充，刘邦提供了舞台，张良则在这个舞台上大放异彩。

这个故事告诉我们，找到能帮助自己的伙伴和适合自己发展的环境，才能最大限度地发挥个人的潜力，实现自我价值。

惊弓之鸟

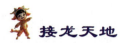

接龙天地

惊弓之鸟 👉 鸟伏兽穷 👉 穷极思变 👉 变化万端 👉

端本澄源 👉 源殊派异 👉 异地相逢 👉 逢场竿木 👉

木公金母 👉 母慈子孝 👉 孝悌力田 👉 田父之功

教你识字

shòu	shū	tì
兽	殊	悌

深知其意

被弓箭吓坏的鸟不容易安定下来。比喻经过惊吓的人碰到一点动静就非常害怕。

趣学趣用

那些被打败的侵略者，犹如惊弓之鸟，听见鞭炮声就吓得溃逃。

实践出真知

说说你对哪些成语感兴趣，动动手查资料，把它们记录下来吧。

故事大讲堂

一日，魏国的国君与射箭高手更羸一同出游，他们看见天空中有一只大雁飞翔。更羸自信满满地对魏惠王说，他只需拉一下空弦，就能让那只鸟掉下来。魏惠王对此表示怀疑。

当大雁飞过头顶时，更羸轻轻拉了一下弓弦，果然，那只鸟听到弦声，立刻惊恐地振翅高飞，却因过度惊慌而力竭坠落。魏惠王惊讶不已，询问原因。更羸解释道，这只鸟曾经受过箭伤，听到弓弦声便想起过去的痛苦，因此未待箭至，就已经因恐惧而力竭。

"惊弓之鸟"这个成语，用来比喻受过惊吓的人，对于类似的经历会格外敏感，容易产生过度反应。这个故事警示我们，过往的创伤可能会在人的心里留下深刻的烙印，即使没有实际的威胁，也可能因为记忆的触动而产生强烈的恐惧。

一鼓作气

接龙天地

一鼓作气 👉 气急败坏 👉 坏法乱纪 👉 纪群之交 👉

交臂聚睡 👉 睡地成文 👉 文不加点 👉 点石成金 👉

金声玉色 👉 色厉内荏 👉 荏苒日月 👉 月落乌啼

教你识字

lì	tuò	rěn	tí
罶	唾	荏	啼

深知其意

鼓，击战鼓；作，振作；气，士气，气势。原指在击第一通鼓时，士气最旺盛。后比喻在劲头最足的时候，趁势把事情完成。

趣学趣用

趁着对方手感不好，我们要一鼓作气拿下这场篮球比赛。

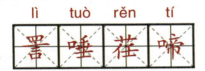
实践出真知

填空，看看这些词语的共同特点是什么。

偃（ ）息（ ）　　晨（ ）暮（ ）　　紧（ ）密（ ）

重（ ）旗（ ）　　旗（ ）相（ ）　　欢（ ）鼓（ ）

重（ ）旗（ ）　　击（ ）鸣（ ）　　鼓（ ）喧（ ）

朝（ ）暮（ ）

故事大讲堂

"一鼓作气"源自我国古代的一场著名战役——长勺之战。这场战役发生在春秋时期，交战双方是强大的齐国和看似弱小的鲁国。 公元前684年，齐桓公野心勃勃，欲吞并鲁国，于是率大军伐鲁。鲁庄公深知实力悬殊，但他并未胆怯，而是听从谋士曹刿的建议，决定以智取胜。

古代的战斗通常以击鼓为号，鼓舞士气。齐军三次击鼓，鲁军却始终按兵不动，让齐军士气逐渐衰减。 当齐军第三次击鼓，士兵们的斗志已经疲惫不堪时，鲁军突然"一鼓作气"，在曹刿的指挥下，全军奋勇向前，如猛虎下山，势不可挡。鲁军以少胜多，大败齐军，创造了以弱胜强的奇迹。

"一鼓作气"的故事告诉我们，做事应当把握最佳时机，一旦决定行动就要全力以赴，不能犹豫不决，以免错失良机。同时，它也揭示了士气和策略在战争中的重要性，即使面对强敌，只要策略得当，也能取得胜利。

老马识途

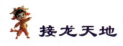 接龙天地

老马识途 👉 途穷日暮 👉 暮景桑榆 👉 榆枋之见 👉

见不逮闻 👉 闻名遐迩 👉 迩安远至 👉 至尊至贵 👉

贵不期骄 👉 骄兵之计 👉 计劳纳封 👉 封妻荫子

🖊 教你识字

sāng	yú	fāng	dài	xiá	ěr	yīn
桑	榆	枋	逮	遐	迩	荫

🖊 深知其意

途，道路。有经验的老马认识路。比喻有经验的人对情况十分熟悉，可以起引导作用。

🖊 趣学趣用

在解三角形题上，张老师简直是 老马识途，同学们都赞不绝口。

 实践出真知

说说你对哪些成语感兴趣，动动手查资料，把它们记录下来吧。

故事大讲堂

春秋时期，齐桓公率大军远征孤竹国，历经艰苦战斗，终于取得了胜利。然而，在返回齐国的途中，由于地形复杂，加上天色昏暗，大军迷失了方向，陷入了茫茫草原之中，找不到回家的路。

面对此困境，齐桓公和他的将领们一筹莫展。这时，军师管仲提出了一个独特的建议："古语云'老马之智可用'，何不试放几匹老马，看它们是否能寻找到归途？"众人虽然疑惑，但也没有更好的办法，于是决定尝试。

他们释放了几匹经验丰富的老马，这些老马仿佛知道回家的路，不疾不徐地走在前面，而大军则紧紧跟随其后。经过一段时间的行进，老马果然带领队伍找到了正确的道路，最终成功返回齐国。

这个故事体现出"经验"和"智慧"的重要性。它寓意着在困境中，应尊重并利用老者的经验和智慧，善于发现身边事物的规律，遵循规律并找出解决问题的办法才是明智之举。

南柯一梦

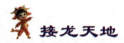

接龙天地

南柯一梦 👉 梦寐不忘 👉 忘餐失寝 👉 寝不安席 👉

席不暇温 👉 温故知新 👉 新硎初试 👉 试才录用 👉

用智铺谋 👉 谋夫孔多 👉 多闻阙疑 👉 疑邻盗斧

✏ 教你识字

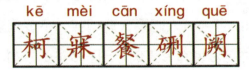

kē	mèi	cān	xíng	quē
柯	寐	餐	硎	阙

✏ 深知其意

柯，树枝，草木的茎秆。在南柯郡做官的一场梦。比喻一场空欢喜，也泛指一场梦。

✏ 趣学趣用

他曾经梦想着不复习就能考全班第一，但那只是南柯一梦。

实践出真知

把下列词语分成两队，一队与"南柯一梦"意思相近，一队与其相反。

黄粱美梦　　黄粱一梦　　梦想成真　　如意算盘　　心想事成

一枕黄粱　　白日做梦　　天从人愿　　梦里南柯　　邯郸一梦

故事大讲堂

　　一个名叫淳于棼（fén）的人，他在一次醉酒后梦见自己被仙人带到南柯郡，被封为太守，把整个郡治理得井井有条，享尽荣华富贵，娶了公主为妻，并生有五子二女。他在南柯郡任职 20 年，政绩显著，深受百姓爱戴。

　　然而，梦醒后，淳于棼发现自己依然躺在自家的槐树下，原来所谓南柯郡不过是槐树上的一个蚂蚁窝。他醒来后感叹万分，意识到一切功名富贵都只是一场梦而已。

　　"南柯一梦"这个成语常用来形容人们对于虚幻、短暂的事物或者过于理想化的期待的一种清醒认识。它告诫人们要认清现实，不要沉迷于虚无的幻想中，因为现实生活往往与梦境有着天壤之别。梦是美好的，但也是虚无的，切不可做那种整日空想而不去重视现实的人。

请君入瓮

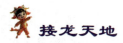 接龙天地

请**君**入**瓮** 👉 **瓮**里醯**鸡** 👉 **鸡**伏鹄**卵** 👉 **卵**覆鸟**飞** 👉

飞黄腾**达** 👉 **达**诚申**信** 👉 **信**笔涂**鸦** 👉 **鸦**巢生**凤** 👉

凤髓龙**肝** 👉 **肝**肠寸**裂** 👉 **裂**裳裹**足** 👉 **足**不履影

教你识字

wèng	xī	hú	cháo	suǐ	cháng	guǒ
瓮	醯	鹄	巢	髓	裳	裹

深知其意

　　君，人的尊称；瓮，陶制的大坛子，一种口小腹大的大坛子。比喻用某人整治别人的办法来整治其自己，也借指设计好圈套引人上当。

趣学趣用

　　在战争年代，优秀的军事指挥官经常巧用妙计，请君入瓮便是一种常用的谋略。

实践出真知

说说你对哪些成语感兴趣，动动手查资料，把它们记录下来吧。

故事大讲堂

　　周兴是唐代武则天时期的一位酷吏，以残酷无情著称，他使用各种残酷的刑罚审讯犯人，人们对他畏惧不已。

　　有一次，有人告发周兴谋反，武则天便派来俊臣去审理此案。来俊臣知道周兴擅长用一种名为"瓮刑"的残酷刑罚，于是邀请周兴到家中饮酒。席间，来俊臣向周兴请教如何处理一些顽固不认罪的犯人。周兴得意洋洋地介绍了他的"瓮刑"，说："这有何难，只需将犯人放入大瓮中，周围烧起大火，看他还招不招供！"来俊臣听后，立刻起身，对周兴说："好主意，现在就有一个犯人拒不承认罪行，我正需要你的帮助。请你入瓮吧！"周兴这才明白自己已经落入了来俊臣的陷阱，顿时脸色大变，知道自己罪行暴露，只能认罪求饶。

　　"请君入瓮"这个成语，寓意是以人之道还治人之身，常用来讽刺那些以手段害人，最终反而害了自己的人。

百步穿杨

接龙天地

百步穿杨 👉 杨雀衔环 👉 环肥燕瘦 👉 瘦骨如柴 👉

柴天改玉 👉 玉惨花愁 👉 愁肠寸断 👉 断羽绝鳞 👉

鳞萃比栉 👉 栉比鳞差 👉 差若天渊 👉 渊源有自

教你识字

què	xián	cǎn	lín	cuì	zhì	yuān
雀	衔	惨	鳞	萃	栉	渊

深知其意

杨，杨树，这里指杨柳叶。能在百步之外射中选定的杨柳叶。形容射箭的技术高超。

趣学趣用

她是个神枪手，百步穿杨真不是夸张。

实践出真知

填空，看看这些词语的共同特点是什么。

百（　）百（　）　　　漫（　）目（　）　　　弹（　）虚（　）

万（　）一（　）　　　无（　）放（　）

故事大讲堂

　　春秋时期，楚国有个射手叫养由基，他以其卓越的箭术闻名于世。传说他的箭法出类拔萃，能在极远的距离上准确无误地射中目标。一次，楚庄王为了验证他的箭术，提出了一个看似不可能的任务：在一百步之外，射中一片飘摇的杨柳叶。要知道，这在常人看来，几乎是无法完成的挑战，因为目标微小，风动叶摇，且难以捉摸。然而，养由基并未显露出丝毫的畏惧，他沉稳地拿起弓箭，瞄准远方的叶子。第一箭，直中叶心；第二箭，依旧如此；第三箭，仍是不偏不倚。全场观众无不震惊，连楚庄王也对他的技艺赞不绝口，称其"百步穿杨"。

　　这个故事告诉我们，只要有坚韧的毅力，精湛的技艺，即使面对看似不可能的挑战，也能完成。

鼠目寸光

 **接龙天地**

鼠**目**寸**光** ☞ **光彩夺目** ☞ **目不识丁** ☞ **丁**一确二 ☞

二三其**德** ☞ **德高**望**重** ☞ **重山**复**水** ☞ **水**阔山**高** ☞

高山仰**止** ☞ **止戈**兴**仁** ☞ **仁**浆义**粟** ☞ **粟陈**贯朽

✏ **教你识字**

shǔ	zhòng	chóng	kuò	yǎng	gē	rén	jiāng	sù
鼠	重	重	阔	仰	戈	仁	浆	粟

✏ **深知其意**

老鼠的眼睛只能看到一寸远的地方。形容目光短浅，没有远见。

✏ **趣学趣用**

新时代的青少年要培养健康的学习观，绝不做鼠目寸光的平庸之辈。

 实践出真知

说说你对哪些成语感兴趣，动动手查资料，把它们记录下来吧。

_____

_____

故事大讲堂

古时候，有一个地方的田鼠特别多，它们常常啃食农民的庄稼，给人们的生活带来很大的困扰。有一位聪明的农夫用猫来捕捉田鼠，很快，田鼠的数量大大减少。

然而，村里的一些人看到这个情况，却对农夫说："你养猫虽然暂时解决了田鼠的问题，但你有没有想过，如果所有的田鼠都被猫抓完了，猫会吃什么？到时候，猫可能就会反过来吃我们的粮食。"他们认为农夫的目光只停留在眼前，没有考虑到长远的后果。

农夫听后，笑了笑，回答道："你们真是鼠目寸光，只看到了眼前的一点点利益，却没有看到更大的危害。田鼠不仅偷吃粮食，还破坏田地，影响的是我们整个村庄的收成。而猫虽然可能会在无鼠可捕时寻找其他食物，但至少现在是我们的盟友。"

这个故事形象地描绘了那些只看到眼前小利，忽视长远大害的人，讽刺他们就像老鼠一样，只能看到眼前的一寸之地，看不到更广阔的世界。

金石为开

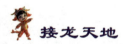

接龙天地

金石为**开** 👉 **开**诚布**公** 👉 **公**听并**观** 👉 **观**眉说**眼** 👉

眼迷心**荡** 👉 **荡**然无**遗** 👉 **遗**训可**秉** 👉 **秉**节持**重** 👉

重此抑**彼** 👉 **彼**何人**斯** 👉 **斯**事体**大** 👉 **大**刀阔斧

教你识字

dàng	yí	bǐng	yì	zhòng
荡	遗	秉	抑	重

深知其意

金石，金属和石头，比喻坚硬的东西。连金石都被打开了，形容一个人如果心诚志坚，则会力量无穷。

趣学趣用

他心诚意笃地去拜访客户，结果自然是 金石为开，顺利地完成了任务。

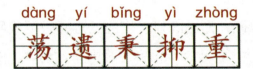

先填空，再思考。

实践出真知

"金石为开"这个成语一般常和"（　　）（　　）所至"搭配使用，想想为什么要有这个词语做前提？

故事大讲堂

汉朝名将李广，以箭术闻名于世，被誉为"飞将军"。据说，有一次，李广在外出打猎时，误将一块巨石当作猛虎，紧张之下，他拉弓射箭，箭矢深深地插入了石头中。当他走近一看，才发现那只是石头，而非老虎。尽管如此，箭矢仍然牢牢地镶嵌在石头里，无法拔出。

此事传开后，人们惊叹于李广的神力和箭术，认为他的力量之大，连坚硬的金石都能穿透。后来，"金石为开"更多用来比喻只要有坚定的信念和不懈的努力，再难的事情也能解决，再硬的心肠也能打动，即"精诚所至，金石为开"。

这个故事告诉我们，无论面对多大的困难，只要我们有决心，有毅力，像李广一样全力以赴，就能金石为开，取得成功。

势如破竹

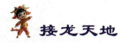
接龙天地

势如破竹 👉 竹马之好 👉 好学不厌 👉 厌难折冲 👉

冲锋陷锐 👉 锐不可当 👉 当仁不让 👉 让枣推梨 👉

梨花带雨 👉 雨润云温 👉 温润而泽 👉 泽及髋骨

教你识字

yàn	ruì	dāng	zǎo	lí	rùn	zé	cī
厌	锐	当	枣	梨	润	泽	髋

深知其意

势，气势。破竹，劈竹子。形势的发展好像劈竹子一样，劈开了头上几节，下面几节就顺势分开了。比喻节节胜利，毫无阻挡。

趣学趣用

这个新产品项目进展得顺风顺水、势如破竹，即将大获成功。

实践出真知

说说你对哪些成语感兴趣，动动手查资料，把它们记录下来吧。

故事大讲堂

杜预是西晋时期的著名将领和学者。公元279年，晋武帝司马炎决定伐吴，统一全国。杜预被任命为西线统帅，负责攻取吴国的荆州。在出征前，杜预曾预言："今兵威已振，譬如破竹，数节之后，皆迎刃而解。"他用破竹比喻战争，寓意战事一旦开始，将会像破开竹子一样，一节节轻松取胜。果然，杜预指挥的军队一路势如破竹，连续攻克吴国的多个城池，所向披靡。他的策略精准，战术灵活，使敌军无从招架。最终，杜预的军队仅用了几个月的时间，就成功攻入吴都建业，实现了全国的统一。

"势如破竹"由此而来，形容作战或做事势不可挡，顺利无比。这个成语也常用于形容在工作、学习等领域的高效推进，表示事情进行得非常顺利，没有任何阻碍。

废寝忘食

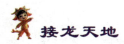 **接龙天地**

废寝忘食 👉 食甘寝宁 👉 宁死不辱 👉 辱国殃民 👉

民膏民脂 👉 脂膏莫润 👉 润笔之资 👉 资斧困竭 👉

竭泽焚薮 👉 薮中荆曲 👉 曲高和寡 👉 寡信轻诺

🖍 **教你识字**

gāo	zhī	jié	fén	sǒu	jīng	guǎ
膏	脂	竭	焚	薮	荆	寡

🖊 **深知其意**

顾不得睡，忘记了吃。形容非常专心和勤奋。

🖍 **趣学趣用**

快要期末考试了，小明这几天废寝忘食地复习功课。

实践出真知

把下列词语排成两队，观察一下，看看怎么排列，根据是什么。

发愤忘食　焚膏继晷　旰食宵衣　心不在焉　无所事事

披星戴月　孜孜不倦　闻鸡起舞　游手好闲　饱食终日

故事大讲堂

颜回是孔子的得意门生，以德行高尚、聪明好学著称。《论语·雍也》中记载，孔子赞美颜回说："贤哉，回也！一箪食，一瓢饮，在陋巷。人不堪其忧，回也不改其乐。贤哉，回也！"意思是颜回生活简朴，每天只吃一碗饭，喝一瓢饮水，居住在破旧的小巷中，别人难以忍受这样的贫困，但他却乐在其中，丝毫不改变他的志向和乐趣。

颜回的这种精神，正是"废寝忘食"的体现。他专注于学问，对物质生活的俭朴毫不在意，一心追求知识和道德的提升，他的行为表现了对学问的热爱和对理想的执着，这也是孔子所推崇的君子之风。

颜回的故事告诉我们，真正的快乐和满足并不在于物质的丰富，而在于内心的充实和对理想的追求。而"废寝忘食"这个成语，则常用来形容人们为了工作、学习或追求理想，全身心投入，忘记了一日三餐和休息。这种精神至今仍是我们所要追求的。

毛遂自荐

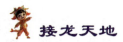 **接龙天地**

毛**遂**自**荐** 👉 **荐**才纳**贤** 👉 **贤**身贵**体** 👉 **体**物缘**情** 👉

情随事**迁** 👉 **迁**臣逐**客** 👉 **客**囊羞**涩** 👉 **涩**于言**论** 👉

论功行**赏** 👉 **赏**贤罚**暴** 👉 **暴**敛横**征** 👉 **征**敛无度

教你识字

jiàn	yuán	qiān	náng	xiū	sè	liǎn
荐	缘	迁	囊	羞	涩	敛

深知其意

　　毛遂，战国时赵国平原君的门客；荐，推荐，荐举。毛遂自己推荐自己。形容自告奋勇去做某事。

趣学趣用

　　如果有展现才华的机会，你就该珍惜机遇，毛遂自荐。

实践出真知

说说你对哪些成语感兴趣，动动手查资料，把它们记录下来吧。

_____

_____

_____

故事大讲堂

　　战国时期，赵国被秦国围困，急需选派使者去楚国求援。当时，赵国的平原君决定带领二十名智勇双全的门客前往楚国，但只选出了十九人，还差一人。这时，一位名叫毛遂的门客主动站出来，请求加入使团。平原君对他并不熟悉，质疑他的能力，毛遂却自信地说："我今天请您将我这把锥子放进袋子里，好脱颖而出。"平原君被他的勇气和自信打动，便同意了他的请求。 在楚国，平原君与楚王谈判数日未果，气氛紧张。关键时刻，毛遂挺身而出，凭借机智和胆识，成功说服楚王出兵援助赵国，解除了赵国的危机。平原君自此对他刮目相看，将他列为上宾。

　　"毛遂自荐"的故事，展示了毛遂的自信、勇敢和才智，也提醒我们，有能力的人不应该默默无闻，而是要抓住机会，勇于展现自我，实现自己的价值。

百尺竿头

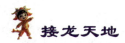

接龙天地

百尺竿头 ☞ 头昏目眩 ☞ 眩目惊心 ☞ 心惊胆战 ☞

战战兢兢 ☞ 兢兢业业 ☞ 业业矜矜 ☞ 矜功不立 ☞

立命安身 ☞ 身不由己 ☞ 己所不欲 ☞ 欲盖弥彰

教你识字

xuàn	jīng	jīn	mí	zhāng
眩	兢	矜	弥	彰

深知其意

百尺竿头，指百尺高的竿子的顶端。比喻极高的官位和功名，或学问、事业有很高的成就。通常与更进一步连用，比喻学问、成就等达到了很高的程度后，不要满足已取得的成绩，还应继续努力，向前发展。

趣学趣用

如今你的成绩已经很优异，希望你戒骄戒躁，百尺竿头，继续努力。

先填空，再仔细观察下列词语，从中挑选出一个与"百尺竿头"意思相反的。

实践出真知

再（　）再（　）　　精（　）求（　）　　步（　）高（　）

扶（　）直（　）　　日（　）月（　）　　欣（　）向（　）

蒸（　）日（　）　　每（　）愈（　）

故事大讲堂

　　唐朝的景岑禅师，又称"招贤大师"，是中国佛教禅宗的重要人物，以其独特的禅法和深邃的智慧影响后世。

　　据传，有一次，景岑禅师在讲经说法时，有弟子请教："师父，修行到了最高境界会是什么样的状态呢？"景岑禅师并未直接回答，而是反问道："假如有人站在百尺高的竿头上，你觉得他应该怎么做？"弟子们纷纷猜测，有的说要保持平衡，有的说要稳住心神。然而，景岑禅师却笑着说："百尺竿头，更进一步。" 这个回答意在指出，修行并非达到某个顶点就可以停止了，而是要不断地超越自我，追求更高的境界。即使在看似已经登峰造极的情况下，也应该继续努力，向前一步，不断精进。

　　百尺竿头，更进一步，象征着不满足于现状，始终保持进取之心，勇往直前。景岑禅师的故事教导我们，无论在修行还是在生活中，都不应满足于已有的成就，而应始终保持谦逊和进取的态度，不断挑战自我，追求更高的目标。

八仙过海

 **接龙天地**

八仙过海 ☞ 海誓山盟 ☞ 盟山誓海 ☞ 海沸江翻 ☞

翻然改进 ☞ 进善退恶 ☞ 恶衣菲食 ☞ 食不糊口 ☞

口若悬河 ☞ 河倾月落 ☞ 落落大方 ☞ 方正不苟

教你识字

shì	méng	fēi	hú	xuán	luò	gǒu
誓	盟	菲	糊	悬	落	苟

深知其意

　　八仙，民间传说中的八个神仙，分别是汉钟离、张果老、韩湘子、铁拐李、吕洞宾、曹国舅、蓝采和、何仙姑。相传八仙过海时不用舟船，各有一套法术。因此民间才有"八仙过海，各显神通"的谚语。

趣学趣用

　　这次活动，我们团队的成员真是八仙过海，各显神通，最终让团队取得了第一名的好成绩。

　　仿造"八仙过海，各显神通"填空。

实践出真知

一人（　　）（　　），鸡犬升天　　太公钓鱼，愿者（　　）（　　）

一夫（　　）（　　），万夫莫开　　二人同心，其利（　　）（　　）

取之不尽，用之不（　　）（　　）　　江山易改，本性（　　）（　　）

109

故事大讲堂

传说，八仙被邀请参加一次盛大的神仙宴会。宴后，他们决定一起过海到对面的仙境去。当他们来到海边时，吕洞宾提议不用船只，各自施展神通过海，以此展示他们的道行和法力。于是，汉钟离扔下扇子，乘坐而行；张果老倒骑毛驴，踏浪前行；韩湘子吹奏玉笛，轻松过海；铁拐李倚仗拐杖，浮在于水面；吕洞宾手执宝剑，飞越海面；何仙姑乘坐荷花，漂浮于海上；曹国舅以玉板为舟，稳稳过海；蓝采和抛出花篮，逐波而行。每个仙人都以独特的方式成功过海，展现了他们的广大神通。

"八仙过海"常被用来比喻在集体活动中，每个人都能发挥自己的特长，最终让团队取得胜利。在现实生活中，我们当然也要发扬八仙过海的精神，各尽所能，攻克难关。

高枕无忧

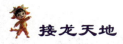
接龙天地

高枕无忧 👉 忧心如捣 👉 捣枕捶床 👉 床笫之私 👉

私设公堂 👉 堂堂一表 👉 表里相依 👉 依门卖笑 👉

笑骂从汝 👉 汝南月旦 👉 旦夕之危 👉 危如累卵

教你识字

zhěn	dǎo	chuí	yī	rǔ	luǎn
枕	捣	捶	依	汝	卵

深知其意

把枕头垫得高高的，无忧无虑地睡大觉。原来形容平安无事，不必担忧。也指思想麻痹，放松警惕。

趣学趣用

最近的事情有些乱，老马怎么也无法高枕无忧。

实践出真知

说说你对哪些成语感兴趣，动动手查资料，把它们记录下来吧。

_____

_____

_____

故事大讲堂

战国时期，齐国的孟尝君田文是一个非常有谋略和远见的人，他深知人才对于国家的重要性，因此广招贤士，门下有食客三千。有一次，孟尝君的一位食客冯谖（xuān）因为觉得待遇不如其他食客，感到不满，几次要求提高待遇。孟尝君听后，不仅没有责怪他，每次都满足了他的要求。冯谖对此十分感激，决定为孟尝君做些实事来回报他的恩情。

齐国的西部边境有一座重要的城市薛邑，但因为债务问题，薛邑的人民的生活十分困苦，冯谖要求去薛邑收赋税，他当众烧毁所有欠债的债券，后来果然因烧契债赢得了薛邑人民的拥戴。冯谖在完成此事后，对孟尝君说："现在您在薛邑有了稳固的根基，就如同高枕而卧，无须再担忧西部的边患了。"

这个故事告诉我们，真正的安全和稳定来自深得人心的治理和长远的策略，而非短暂而表面的安抚。

不自量力

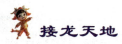

接龙天地

不自量力 👉 力软筋疲 👉 疲乏不堪 👉 堪以告慰 👉

慰情胜无 👉 无束无拘 👉 拘奇抉异 👉 异曲同工 👉

工力悉敌 👉 敌不可纵 👉 纵风止燎 👉 燎如观火

教你识字

jīn	kān	wèi	jué	liǎo
筋	堪	慰	抉	燎

深知其意

量，估量。不能正确估计自己的力量（多指做力不能及的事情），过高地估计自己的实力。也说自不量力。

趣学趣用

人啊，有时要正确估量自己的能力和价值，切不可不自量力，贻笑大方。

实践出真知

在下列括号中填入恰当的字。这些词语只有一个与众不同，观察全部词语，把它挑出来，想想为什么不同。

自（　）不（　）　　量（　）而（　）　　妄（　）非（　）

蚍（　）撼（　）　　量（　）而（　）　　量（　）裁（　）

春秋时期，郑国以其强大的军事实力和明智的外交策略，成为中原地区的一个强国。而与之相邻的息国，则相对弱小，资源匮乏，国力远不及郑国。

有一年，息国国君因琐事与郑国国君产生了摩擦，心中愤懑不平。在没有深思熟虑的情况下，息侯不顾两国实力悬殊，对郑国发动攻击，试图以武力解决问题。这一决定，在后世看来，无疑是"不自量力"的典范。

当息国军队气势汹汹地杀向郑国边境时，郑国已早有准备，建立了坚固防线。郑国军队凭借强大的战斗力和优越的战术布局，迅速击溃了息国的进攻。息国军队在战场上节节败退，最终只能灰溜溜地撤回国内，此战以息国的惨败告终。

这场战役不仅让息国付出了沉重的代价，也让"不自量力"这个成语在后世广为流传。它告诫人们，在做出决策时应当量力而行，不可轻视对手，盲目自信，高估自己的能力，否则必遭挫折与失败。

暗度陈仓

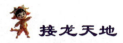 接龙天地

暗度陈仓 👉 仓皇无措 👉 措手不及 👉 及笄年华 👉

华而不实 👉 实至名归 👉 归心似箭 👉 箭在弦上 👉

上替下陵 👉 陵谷沧桑 👉 桑中生李 👉 李白桃红

教你识字

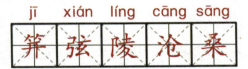

jī	xián	líng	cāng	sāng
笄	弦	陵	沧	桑

深知其意

　　度，越过。陈仓，古县名，在今陕西省宝鸡市东，是通往汉中的交通要道。指在正面迷惑敌人，而从侧翼进行突然袭击的战略。也用以比喻暗中进行某种活动。

 趣学趣用

　　这次军事演习，蓝军居然用上了暗度陈仓的策略，"智慧军"的称号果然名不虚传。

实践出真知

说说你对哪些成语感兴趣，动动手查资料，把它们记录下来吧。

故事大讲堂

公元前 203 年，汉王刘邦与西楚霸王项羽在楚汉战争中僵持不下。为了打破僵局，刘邦采纳了张良的建议，决定采取"明修栈道，暗度陈仓"的策略。 刘邦公开派兵修理通往蜀地的栈道，让项羽误以为他要从栈道出击，从而放松了对汉军主力的警惕。而实际上，刘邦秘密派遣大将军韩信率领大军沿着陈仓道（另一条通往关中的道路）向项羽的后方发起攻击。陈仓位于今陕西省宝鸡市，是关中的重要门户。 当项羽发现汉军已经深入其后方时，为时已晚。韩信成功占领陈仓，打开了通往关中的通道，刘邦的军队得以迅速扩张势力，最终在垓下之战中击败项羽，奠定了汉朝的基础。

暗度陈仓这个成语在现代社会中也有着广泛的应用，只要我们保持勇气和智慧，相信自己能够找到突破困境的方法，就一定能够战胜困难，取得成功。

按图索骥

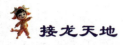

接龙天地

按图索**骥** ☞ **骥**子龙文 ☞ 文采风流 ☞ 流风余俗 ☞

俗不可耐 ☞ 耐人咀嚼 ☞ 嚼铁咀金 ☞ 金戈铁马 ☞

马到成功 ☞ 功标青史 ☞ 史不绝书 ☞ 书不释手

✏ 教你识字

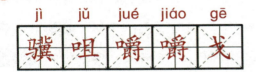

jì	jǔ	jué	jiáo	gē
骥	咀	嚼	嚼	戈

✏ 深知其意

索，寻找。骥，良马。按照画好的图像去寻找好马。原指办事拘泥成法，不知变通。现多比喻按照线索寻找所需求的东西。

✏ 趣学趣用

做好一件事情不能停留在纸上谈兵、按图索骥上，而应该躬身实践。

实践出真知

在括号处填上恰当的字，然后仔细观察，看看哪些词语的意思与"按图索骥"的意思相反。

照（ ）宣（ ）　　生（ ）硬（ ）　　不（ ）窠（ ）

无（ ）可（ ）　　刻（ ）求（ ）

故事大讲堂

古代有个叫伯乐的人，他是著名的相马专家。伯乐的儿子想要继承父亲的技艺，于是他拿着父亲画的马的图像，按照图像去寻找好马。

伯乐的儿子拿着图像，见到马就比对，但始终找不到符合的马。他按照图像所画的千里马的特征，寻找有相同斑纹、体型、颜色的马，结果找到的都是平庸之马，没有一匹能够达到千里马的标准。最后，他沮丧地回到了家，告诉父亲他的遭遇。伯乐听后，告诉他，相马之道在于观察马的神韵和气质，而非仅凭外貌。

明代的学者杨慎通过这个故事，批判了机械模仿、拘泥于形式而忽视实质的现象。这个故事至今仍然对我们有着深远的启示，提醒我们在学习和工作中要注重实践和理解，灵活运用，根据实际情况进行判断和处理。避免盲目地照搬照抄。

草木皆兵

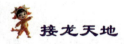 **接龙天地**

草木皆兵 👉 兵戈抢攘 👉 攘为己有 👉 有去无回 👉

回嗔作喜 👉 喜不自禁 👉 禁舍开塞 👉 塞翁失马 👉

马耳春风 👉 风木之悲 👉 悲喜交切 👉 切中时弊

教你识字

rǎng	chēn	sāi	sài	wēng	bì
攘	嗔	塞	塞	翁	弊

深知其意

把野草和树木都当成士兵。形容人疑神疑鬼，对任何一点动静都感到恐惧。

趣学趣用

社会虽然偶尔充满陷阱，可只要小心谨慎即可，倒也不必草木皆兵，过分担心。

实践出真知

说说你对哪些成语感兴趣，动动手查资料，把它们记录下来吧。

故事大讲堂

　　公元 383 年，前秦皇帝苻坚率领百万大军攻打东晋。在战争的关键时刻，苻坚登上寿阳城头，望见对面东晋的军队排列整齐，又看到淝水河对岸的八公山上草木摇曳，误以为是东晋的伏兵。

　　苻坚惊慌地对身边的谋士说："此亦劲敌也，何谓少乎？"意思是这分明是一支劲旅，怎么能说它是弱兵呢？这种恐惧和疑虑在军中迅速蔓延，使得前秦士兵士气大挫。东晋将领谢玄趁机发起反攻，前秦军队因恐惧和混乱而大败，这就是历史上著名的淝水之战。

　　"草木皆兵"这个成语，用来形容人在极度紧张、恐惧的状态下，把无生命的物体都看作是敌人，反映了人在特定环境下心理的极度脆弱和恐慌。这个成语警示我们，面对困难和挑战时，应保持冷静和理智，坚定信念和勇气，才能找到解决问题的方法，取得成功。

求田问舍

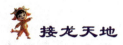 **接龙天地**

求田问**舍** 👉 **舍**本事**末** 👉 **末**尾三**稍** 👉 **稍**纵即**逝** 👉

逝者如**斯** 👉 **斯**文一**脉** 👉 **脉**络分**明** 👉 **明**眸皓**齿** 👉

齿弊舌**存** 👉 **存**恤耆**老** 👉 **老**成见**到** 👉 **到**此为止

教你识字

shè	shě	shì	sī	luò	móu	hào	bì	xù	qí
舍	舍	逝	斯	络	眸	皓	弊	恤	耆

深知其意

舍，房子。多方购买田地，到处问询屋舍。指只知道置产业，谋求个人私利。比喻没有远大的志向。

趣学趣用

真没见过你这样的人，整天不干正事，到处求田问舍。

 **实践出真知**

说说你对哪些成语感兴趣，动动手查资料，把它们记录下来吧。

故事大讲堂

　　陈登是东汉末年的一位知名学者，他以高远的志向和深沉的智略著称。许汜是刘备的手下，以务实而闻名。

　　有一次，许汜向刘备抱怨说陈登对他冷淡，说他在拜访陈登时，陈登让他睡低矮的小床，自己则在大床上睡觉，好像完全不把他放在眼里。刘备听后，对许汜说："你求田问舍，只关心自己的利益，没有大的抱负，陈登这样的人怎么会看得起你呢？如果我是陈登，我就睡在百尺高楼上，让你睡在地上。你怎么还能期望他对你热情呢？"

　　这个故事中，"求田问舍"原指购买田地房产，后来常用来形容人只知追求个人的物质享受，缺乏远大的理想和抱负。这个成语也常常被用来警示人们不应只满足于眼前的小利，要有更高的追求。

提升语言水平　增加文化底蕴

一分钟
成语接龙

2

壹品尚唐◎编著

贵州大学出版社
Guizhou University Press

·贵阳·

前言
PREFACE

　　欢迎踏上这趟富有韵律与智慧的旅程，我们将为您献上这本《一分钟成语接龙》，在这里，每一个成语都是一个跳跃的音符，它们共同谱写了一曲华美的中华文化交响乐。

　　本书精心设置了"接龙天地""教你识字""深知其意""趣学趣用""实践出真知""故事大讲堂"6个栏目，旨在引领读者在趣味中学习成语，于游戏中领悟成语。

　　"接龙天地"如同一串串珠链，连接着古今，将成语的韵味与趣味融为一体。

　　"教你识字"是我们的识字课堂，我们把每组接龙成语中的关键字列出来并注音，帮助小读者识记汉字。

　　"深知其意"则如一位向导，引导小读者能深刻理解每个成语所蕴含的丰富趣味。

　　"趣学趣用"栏目，以用成语造句的形式，来例举成语的运用，典型而深刻。

"实践出真知"栏目，通过让小读者动脑思考，动手操作，加深对成语的认识，扩大成语知识面。

　　"故事大讲堂"将带来一个个生动的历史故事，这些故事是成语的源头活水，更是对成语内涵的深刻诠释。

　　《一分钟成语接龙》不仅仅是一本书，更是一把开启中华文化的钥匙，一扇通向智慧的窗口。在这里，每一个成语都蕴含着一个故事，每一个故事都是一段历史，每一段历史都蕴含着一份深深的智慧。期待小读者们在阅读的过程中，发现更多，收获更多，成为这场接龙游戏的真正赢家。

目 录
CONTENTS

劳苦功高

接龙天地

劳苦功高 👉 高世之行 👉 行浊言清 👉 清旷超俗 👉

俗语常言 👉 言谈林薮 👉 薮中荆曲 👉 曲曲折折 👉

折箭为誓 👉 誓不罢休 👉 休休有容 👉 容膝之地

教你识字

zhuó	kuàng	sǒu	jīng	xī
浊	旷	薮	荆	膝

深知其意

　　劳苦，劳累辛苦。劳苦功高，出了很大的力，立下了很大的功劳。多用以慰问和赞颂别人。

趣学趣用

　　这些老一辈，戎马一生，劳苦功高。

实践出真知

说说你对哪些成语感兴趣，动动手查资料，把它们记录下来吧。

故事大讲堂

刘邦，汉朝的开国皇帝，他的生平充满了艰辛和辉煌，“劳苦功高”这一成语正是对他一生奋斗的最佳概括。

在秦朝末年，刘邦以沛县亭长的身份投身起义军，他深知底层人民的疾苦，对士兵们宽厚以待，深得民心。他不畏艰难，亲自冲锋陷阵，无论是面对秦军的强大压力，还是后来与西楚霸王项羽的残酷斗争，他始终坚韧不拔，这便是“劳苦”的生动写照。

在楚汉之争中，刘邦更是展现了他的智谋和领导力。他善于听取部下的建议，懂得利用敌人的弱点，如在鸿门宴上的巧妙应对，以及在彭城之战后的迅速反击，都展现了他高超的战略眼光。经过四年的艰苦战斗，他最终在垓下之战中击败项羽，统一了中国，建立了汉朝，成就了伟业。

“劳苦功高”这个词不仅描绘了刘邦从底层奋斗出来的过程，也赞扬了他的辛勤付出和卓越贡献。这个成语常用来形容那些付出巨大努力，做出重大贡献的人。

各自为战

接龙天地

各自为战 ☞ 战战业业 ☞ 业精于勤 ☞ 勤能补拙 ☞

拙贝罗香 ☞ 香象渡河 ☞ 河带山砺 ☞ 砺戈秣马 ☞

马首欲东 ☞ 东猜西揣 ☞ 揣时度力 ☞ 力敌万夫

教你识字

zhuō	lì	mò	chuāi
拙	砺	秣	揣

深知其意

各自为战，指各自成为独立的单位进行战斗，也就是各自独立作战。比喻各管各的，互不联系。

趣学趣用

我们要学会团队配合协作，千万不能各自为战。

先填空，然后在下列词语中，将与"各自为战"意思相反的词语找出来。

实践出真知

万（　）一（　）　　　互（　）呼（　）　　　各（　）为（　）

同（　）协（　）　　　步（　）一（　）　　　群（　）群（　）

· 3 ·

故事大讲堂

公元前 203 年，楚汉相争正处于胶着状态，刘邦被困在固陵，面对项羽的强大压力。张良观察到韩信和彭越两位将领都有极高的军事才能和独立作战的能力，于是向刘邦献策，建议他许诺在战后给予韩信和彭越封地，并让他们独立行动，自成一军，各自作战，分散楚军的注意力。

刘邦听从了张良的建议，对韩信和彭越承诺，只要他们能击破楚军，就将大片土地赐予他们。韩信和彭越得到激励，各自率领部队，从不同的方向对楚军发动猛烈攻击，使楚军疲于应对，无法集中力量对付刘邦。这一策略使得楚军陷入了被动，极大地削弱了其战斗力。 最终，刘邦在韩信和彭越的协助下，成功打破了项羽的包围，于垓下之战中大败楚军，奠定了汉朝建立的基础。

这个故事展现了张良的深谋远虑，也揭示了在战争中灵活运用策略，调动各方力量的重要性。

三省吾身

接龙天地

三省吾身 👉 身居言路 👉 路无拾遗 👉 遗魂亡魄 👉

魄荡魂飞 👉 飞霜六月 👉 月明星稀 👉 稀奇古怪 👉

怪事咄咄 👉 咄咄逼人 👉 人山人海 👉 海阔天空

教你识字

wú	yí	pò	hún	xī	duó	kuò
吾	遗	魄	魂	稀	咄	阔

深知其意

　　三，不是确指三次，而是泛指"多次"。省，反省。身，自身。三省吾身，原指每日从多个方面检查自己，后指多次自觉地检查反省自己。

趣学趣用

　　我们青少年在成长的过程中，尽可能地要做到三省吾身，以利于自己的成长与进步。

实践出真知

说说你对哪些成语感兴趣，动动手查资料，把它记录下来吧。

故事大讲堂

"三省吾身"出自《论语·学而》。

这句话是孔子的学生曾子提出的自我修养方法。他说："吾日三省吾身：为人谋而不忠乎？与朋友交而不信乎？传不习乎？"这句话的意思是，每天都要多次反省自己：帮人办事是否尽心尽力了？与朋友交往是否对朋友诚实守信了？老师传授的知识是否都熟练掌握了？

曾子是中国古代著名的哲学家，他强调道德修养的重要性，认为人应该经常反思自己的行为，检查其是否符合道德规范。他通过每日三次的自我反省，检查自己的言行是否符合忠诚、诚信和不断学习的原则，以此来提高个人的道德水平。

这个故事告诉我们，自我反省是提升自我、修正错误的重要手段。无论在学习、工作还是生活中，我们都应时常自我审视，检查自己的行为是否正确，是否尽职尽责，是否诚实守信，是否学以致用，只有这样，我们才能不断进步。

一败涂地

接龙天地

一败涂地 👉 地嫌势逼 👉 逼不得已 👉 已陈刍狗 👉

狗续金貂 👉 貂裘换酒 👉 酒后无德 👉 德輶如羽 👉

羽翮飞肉 👉 肉朋酒友 👉 友风子雨 👉 雨顺风调

教你识字

tú	xián	chú	diāo	qiú	yóu	hé
涂	嫌	刍	貂	裘	輶	翮

深知其意

　　一，一旦。涂地，肝脑涂地。一败涂地，一旦失败就肝脑涂地。形容失败得很惨，不可收拾。

趣学趣用

　　他们在这次国际大赛上发挥失准，真是一败涂地。

实践出真知

　　先填空，再根据词语的意思把下列词语分成两队，并思考一下，为什么这么划分。

望（　）披（　）　　　落（　）流（　）　　　狼（　）豕（　）

狼（　）不（　）　　　片（　）不（　）　　　势（　）破（　）

旗（　）得（　）　　　屁（　）尿（　）　　　全（　）覆（　）

故事大讲堂

公元前 202 年，楚汉战争进入尾声，项羽的军队被刘邦的汉军围困在垓下。此时，项羽的兵力已经大不如前，士气低落。刘邦的军师张良设计，让士兵们在夜间唱起楚地的歌曲，以动摇楚军的军心。项羽的军队听到家乡的歌声，以为楚地已被刘邦占领，顿时军心涣散，士气大挫。次日，项羽率领剩余的八百骑兵突围，但被汉军追击，一路逃至乌江边。面对汉军的重重包围，项羽拒绝渡江，认为无颜再见江东父老。于是，他在乌江边自刎而死，楚军也随之溃散，一败涂地。

"一败涂地"这个成语形象地描绘了项羽军队在这场战斗中的惨败景象，原本强大的楚军在战斗中彻底崩溃，败得极其惨烈。

这个成语现在常被用来形容事情办得非常糟糕，没有挽回的余地。这个故事也警示我们，无论在战场上还是在生活中，都不能轻敌，要保持冷静的头脑。

决胜千里

 **接龙天地**

决胜千里 👉 里丑捧心 👉 心病难医 👉 医时救弊 👉

弊衣疏食 👉 食不下咽 👉 咽苦吐甘 👉 甘冒虎口 👉

口不言钱 👉 钱过北斗 👉 斗牙拌齿 👉 齿少气锐

✏️ **教你识字**

bì	shū	yàn	gān	ruì
弊	疏	咽	甘	锐

 深知其意

　　决胜千里，坐镇指挥千里之外的战局。形容将帅具有雄才大略，指挥若定，能够宏观地谋划指挥。

 趣学趣用

　　我国的老一辈革命家都具有运筹帷幄、决胜千里的军事指挥才干。

实践出真知

说说你对哪些成语感兴趣，动动手查资料，把它们记录下来吧。

故事大讲堂

在楚汉争霸的历史画卷中，张良以其卓越的智谋和深邃的战略眼光，被誉为"决胜千里"的谋士，他以帷幄之中的计策，帮助刘邦在千里之外的战场上取得胜利。其中，最著名的当属他在鸿沟之约中的策划。

当时，刘邦与项羽的军队在楚河汉界僵持不下，刘邦处于下风。这时，张良献计，提议刘邦与项羽签订和约，以鸿沟为界，各自退兵。刘邦表面上接受了议和，但实际上，这是张良精心布下的陷阱。他深知项羽骄傲自大，会趁机追击，而刘邦的军队则会在此时反击。果不其然，项羽轻信刘邦，率军追击。刘邦在张良的指挥下，迅速组织反攻，打了项羽一个措手不及。这一战，刘邦大败楚军，扭转了战局，也为后来的垓下之战奠定了基础。

张良的运筹帷幄，不仅在于他对战场形势的精准判断，更在于他深刻理解人性，擅长运用心理战术。他虽未亲临前线，但其决策直接影响了千里之外的战局，帮助刘邦一步步走向胜利。

鸿鹄之志

接龙天地

鸿鹄之志 👉 志士仁人 👉 人烦马殆 👉 殆无子遗 👉

遗臭千秋 👉 秋毫之末 👉 末尾三稍 👉 稍胜一筹 👉

筹添海屋 👉 屋梁落月 👉 月夕花晨 👉 晨钟暮鼓

教你识字

hóng	hú	rén	dài	jié	chóu
鸿	鹄	仁	殆	孑	筹

深知其意

鸿鹄之志，本义指天鹅有了飞跃千里的志向和能力。如今被用来比喻一个人有远大的理想和抱负，拥有高远的志向和雄心壮志。

趣学趣用

青少年从小就要立鸿鹄之志，长大后才能为社会做出更大的贡献。

实践出真知

下列词语中都带有"志"字，揣摩词义，在括号中填入恰当的字，逐个比较一下这些词语的微妙区别。

雄（　）壮（　）　　　胸（　）大（　）　　　壮（　）凌（　）

鲲（　）之（　）　　　青（　）之（　）　　　宏（　）大（　）

故事大讲堂

"鸿鹄之志"出自《史记·陈涉世家》，讲述了秦末农民起义领袖陈涉不甘平凡，有大志向的故事。

陈胜，字涉，是秦朝末年的一个普通农民，但他的心中却有着远大的理想。有一次，他在田间劳作时，对同伴们说："苟富贵，无相忘。"意思是如果有一天我们富贵了，不要忘记彼此。然而，同伴们嘲笑他，认为一个农夫怎么可能富贵。陈涉听后，指着天空中的鸿鹄（天鹅）说："嗟乎！燕雀安知鸿鹄之志哉！"意思是你们这些燕雀怎么能理解我鸿鹄的远大志向呢？

陈涉不甘于现状，渴望改变命运，有着像鸿鹄一样翱翔天际的雄心壮志。后来，陈涉带领农民起义，虽未能实现他的全部理想，但他的"鸿鹄之志"激励了无数后来者，他也成为中国历史上农民起义的先驱。

这个成语，如今被用来形容一个人有远大的志向和抱负，有着如鸿鹄般翱翔天际的志向，不满足于平庸的生活，志在成就一番大事业。

独当一面

接龙天地

独当一面 👉 面面相看 👉 看家本领 👉 领异标新 👉

新陈代谢 👉 谢家活计 👉 计然之术 👉 术绍岐黄 👉

黄发儿齿 👉 齿颊挂人 👉 人亡政息 👉 息息相关

教你识字

dāng	kàn	qí	fà	jiá
当	看	岐	发	颊

深知其意

当，掌管，主持。独当一面，单独承担或负责一个方面的重要工作或任务。形容人精明强干，本事强大。

趣学趣用

公司安排他去开展业务，因为在这个领域他经常是独当一面的人才。

实践出真知

说说你对哪些成语感兴趣，动动手查资料，把它们记录下来吧。

故事大讲堂

　　在秦末乱世，刘邦和项羽争霸，韩信原本是项羽的部下，但未被重用，于是他转而投奔刘邦。刘邦起初也并未重视他，直到萧何月下追韩信，极力推荐，刘邦才拜韩信为大将军。韩信被任命后，展现出了卓越的军事才能，他指挥汉军连连取得胜利，如破赵之战、定三秦、灭魏、擒豹、破代、降燕、伐齐，一直到垓下之围，击败项羽，为刘邦建立汉朝立下汗马功劳。每次战役，他都能独立决策，独当一面，无人能及，"独当一面"这个成语便由此而来。这个成语意指一个人能够单独负责一个方面的工作或独自承担重要的任务，形容人有独立处理事务的能力和胆识。

　　韩信的事迹告诉我们，真正的才能需要有机会展现，同时也需要有识人的慧眼去发现和重用。

得意洋洋

接龙天地

得意洋洋 👉 **洋相百出** 👉 **出丑扬疾** 👉 **疾电之光** 👉

光风霁月 👉 **月缺难圆** 👉 **圆凿方枘** 👉 **枘圆凿方** 👉

方正不阿 👉 **阿谀曲从** 👉 **从善若流** 👉 **流血漂杵**

教你识字

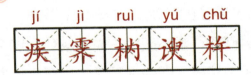

jí	jì	ruì	yú	chǔ
疾	霁	枘	谀	杵

深知其意

洋洋，得意的样子。得意洋洋，形容人称心如意、沾沾自喜的样子。

趣学趣用

小娟因为品学兼优被评为"五佳"少年，看到她得意洋洋的样子，妈妈在高兴之余又有点担心。

实践出真知

看看下列哪个词语的意思与"得意洋洋"的意思差之甚远，说说你的理由。

沾沾自喜　　得意扬扬　　自命不凡　　踌躇满志　　怡然自得

自鸣得意　　飘飘欲仙

· 15 ·

故事大讲堂

在齐国宰相晏子的故事中，他的车夫就是一个典型的"趾高气扬"例子。

车夫因为驾驶宰相的豪华马车而感到无比自豪，他的行为举止充满了趾高气扬的傲慢。他忘记了自己只是一个仆人，而非权力的拥有者。这种得意忘形的态度，与晏子的谦逊低调形成了鲜明对比。晏子虽位高权重，却始终保持着谦逊和淡泊名利的心态，赢得了人们的敬重。

车夫的妻子洞察到了他的骄傲，用晏子的谦逊来教育他，使他意识到自己的错误。车夫在深思后，决定效仿晏子的谦逊，改掉了趾高气扬的毛病，这使得他得到了晏子的赞赏，并获得了提升。

这个故事告诫我们，无论何时何地，都不应因一时的成功而忘乎所以，失去谦逊。我们应该以晏子为榜样，即使在顺境中也要保持谦逊，时刻反省自身，以免得意忘形。这不仅是一种个人修养，也是对他人尊重的体现，更是人生道路上不可或缺的智慧。

患得患失

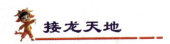

接龙天地

患得患失 👉 失林之鸟 👉 鸟枪换炮 👉 炮火连天 👉

天人胜处 👉 处易备猝 👉 猝不及防 👉 防意如城 👉

城府深沉 👉 沉着痛快 👉 快马溜撒 👉 撒泼打滚

教你识字

huàn	chù	chǔ	cù	liū	sā	pō
患	处	处	猝	溜	撒	泼

深知其意

患，担心。患得患失，没有得到时怕得不到，得到后又怕失去。指对个人的利害得失忧心忡忡、斤斤计较。

趣学趣用

在利益与荣誉面前，千万不要抱有患得患失的心理。

实践出真知

说说你对哪些成语感兴趣，动动手查资料，把它们记录下来吧。

故事大讲堂

孔子在《论语·阳货》中提到的一段话，实际上是对"患得患失"这一心态的直接批判。

他说："鄙夫可与事君也与哉？其未得之也，患得之；既得之，患失之。苟患失之，无所不至矣。"这句话的意思是，那些目光短浅、心胸狭隘的人，怎么能够妥善地侍奉君主呢？他们在未得到权位时，担忧得不到；得到之后，又害怕失去。如果他们一味地害怕失去，就会做出各种不择手段的事情。

孔子在这里批评的是那些只看到眼前利益的患得患失的人。他们的心境完全受制于得失，无法保持冷静和理智，这样的人是无法真正为君主效力的。因为他们一旦得势，就会担心失去，为了保全自己的地位，可能会做出损害国家和人民利益的行为。

这段话启示我们，做人做事不应过分执着于得失，而应以道义为先，保持内心的平和和远见，这样才能做出正确的选择，实现真正的成功。

纸上谈兵

接龙天地

纸上谈兵 👉 兵戎相见 👉 见神见鬼 👉 鬼斧神工 👉

工力悉敌 👉 敌众我寡 👉 寡凫单鹄 👉 鹄峙鸾停 👉

停阴不解 👉 解纷排难 👉 难逢难遇 👉 遇事生风

教你识字

róng	fǔ	guǎ	fú	hú	zhì	luán
戎	斧	寡	凫	鹄	峙	鸾

深知其意

　　兵，兵法。纸上谈兵，原指赵括熟读兵书，却不能活用，只会在纸面上谈论行军打仗。后形容只会空谈理论，却不能够解决实际问题。

趣学趣用

　　在实际工作中，千万不要只会纸上谈兵，不会理论联系实际，活学活用去解决问题。

实践出真知

　　从下列词语中找出和"纸上谈兵"相反色彩最鲜明的两个词语，并说说理由。

　　埋头苦干　　南征北战　　兢兢业业　　脚踏实地　　用兵如神

　　运筹帷幄　　身经百战

故事大讲堂

"纸上谈兵"出自战国时期的一个历史故事，主人公是赵国的大将赵括。

赵括是名将赵奢的儿子，他自幼熟读兵书，对军事理论颇有研究，还常常在纸上描绘战争策略，自认为深谙兵法。

公元前 260 年，秦赵两国爆发了著名的长平之战。赵括替代老将廉颇成为赵军统帅。他上任后，完全按照兵书上的理论来指挥战斗，忽视了实际情况的复杂性。赵括虽然理论知识丰富，但实战经验匮乏，他的战术在战场上并未取得预期效果。相反，他过于依赖理论，导致赵军陷入被动，最终被秦军围困，四十万赵军士兵被迫投降，赵括也在战斗中阵亡。

"纸上谈兵"被用来形容只懂得空谈理论，而缺乏实际操作能力或实践经验的人。赵括的故事警示我们，理论知识固然重要，但实践才是检验真理的唯一标准。理论与实践相结合，就能真正发挥知识的力量。

一字千金

 接龙天地

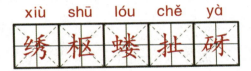

一字千金 👉 金门绣户 👉 户枢不蝼 👉 蝼蚁贪生 👉

生拉活扯 👉 扯空砑光 👉 光彩射目 👉 目中无人 👉

人情物理 👉 理之当然 👉 然然可可 👉 可想而知

教你识字

xiù	shū	lóu	chě	yà
绣	枢	蝼	扯	砑

深知其意

一字千金，增损一字，赏予千金。被用来比喻和称赞文章的文辞精妙，不可更改，价值极高，意义深远。这个成语的意义还可以扩展到形容任何事物的价值极高，非常珍贵。

趣学趣用

这幅书法作品出自民国时期的一位名家，作品意境精妙，真乃一字千金。

 实践出真知

说说你对哪些成语感兴趣，动动手查资料，把它们记录下来吧。

故事大讲堂

《吕氏春秋》是战国时期由吕不韦主持编纂的著作，其中"一字千金"的故事，讲述了吕不韦尊重学问和严谨治学的态度。

据载，吕不韦编纂《吕氏春秋》完成后，将其悬挂在咸阳城门上，宣布谁能增删一字，即赏千金。这个举动旨在展示他对这部书的自信，同时也表达了对知识的极高尊重，以及对学术真理的无上追求。他愿意以重金悬赏，只为求得一字的精进，反映出《吕氏春秋》的编纂力求完美，不容丝毫瑕疵。"一字千金"的故事，展现了吕不韦对学问的尊重和严谨。这个成语后来常用来形容文字的珍贵，或者赞誉某人的言论精辟，价值连城。

这个成语至今仍被广泛引用，它提醒我们在学习、写作或研究中，应有严谨的态度，注重每一个细节，因为有时候，一个字的差别可能就会改变整篇文章的含义。这也是对后世学者的一个重要启示，无论是在学术还是生活中，我们都应追求卓越，对待知识，要如同对待金银般珍视。

民不聊生

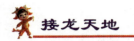
接龙天地

民不**聊**生 👉 生**帐**子货 👉 货**赂**大行 👉 行**常**带经 👉

经文**纬**武 👉 **武**爵武任 👉 任其自便 👉 便还就孤 👉

孤魂野鬼 👉 鬼哭神惊 👉 惊人之笔 👉 笔扫千军

教你识字

zhàng	lù	wěi	wǔ	liáo	jué
帐	赂	纬	武	聊	爵

深知其意

民，老百姓。聊，依赖，凭借。民不聊生，指财尽力竭，老百姓难以维持生活，活不下去。

趣学趣用

战争给一个国家带来的灾难是巨大的，经济破败，民不聊生。

实践出真知

根据解释，从下列词语中选择适合的填入括号内。

（　　　　　）：物产丰富，人民生活富足。

丰衣足食　　家给人足　　饱食暖衣　　民康物阜　　国泰民安

物阜民安

故事大讲堂

　　黄歇，又称春申君，是楚顷襄王的弟弟，以机智和忠诚闻名。公元前 278 年，秦将白起攻占楚国的首都郢都，楚国遭受重创。秦昭襄王欲乘胜追击，彻底灭亡楚国。此时，黄歇冒险来到秦国，试图说服秦王放弃进一步的攻击。

　　黄歇在秦廷上直言不讳，他说："楚国虽败，但土地广大，人民众多。即使秦军占领楚地，但楚国百姓因战争而'民不聊生'，必然反抗秦的统治。如此，秦将陷入无穷的战乱之中，难以安定。反之，若秦能与楚修好，楚国愿献出土地，两国共存，岂非更为长久之计？"

　　"民不聊生"四字，形象地描绘了战争给百姓带来的深重苦难，人们生活无望，无法正常生存。黄歇以此触动秦昭襄王，使他意识到持续征战的后果。最终，秦王采纳了黄歇的建议，与楚国达成和议，避免了更大的战乱。

　　成语"民不聊生"至今仍被广泛使用，用来形容社会动荡、民生困苦的状态。黄歇的故事也展现了他的深谋远虑，以及关心民生的品质，他的智慧和勇气在历史上留下了深刻的印记。

败军之将

接龙天地

败军之将 👉 将遇良材 👉 材朽行秽 👉 秽德垢行 👉

行常带经 👉 经多见广 👉 广阔天地 👉 地大物博 👉

博闻多识 👉 识字知书 👉 书囊无底 👉 底里深情

教你识字

bài	yù	xiǔ	huì	gòu	náng
败	遇	朽	秽	垢	囊

深知其意

败军之将，指打了败仗的将领。现多用于讽刺失败的人。

趣学趣用

败军之将也不要气馁，未尝没有成功的时候。

实践出真知

说说你对哪些成语感兴趣，动动手查资料，把它们记录下来吧。

故事大讲堂

　　韩信，是汉初的名将，以用兵如神、战无不胜著称。

　　楚汉争霸时，刘邦派韩信与张耳率几万军队向东挺进，攻击赵国。赵王谋士李左车献计：趁韩信的给养没跟上军队时出兵截击，他们得不到粮食，不出十天，必然败走。但赵王和成安君并没有采纳这个计策。韩信探听到这个消息后，暗暗佩服李左车的才略。击败赵国后，韩信悬赏千金，俘获了李左车。在向他请教攻燕伐齐的策略，李左车以"败军之将不可以言勇"推辞。这句话的意思是，打了败仗的将军，没有资格谈论自己的勇敢。韩信却笑道："请不必客气，如果赵王和成安君接受了您的建议，那所谓的败军之将就是我，而不是您了。"

　　"败军之将"就由这个故事演化而来，用来比喻战败的将领；后多用于讽刺失败的人。

沾沾自喜

 **接龙天地**

> 沾沾自喜 👉 喜不自胜 👉 胜残去杀 👉 杀彘教子 👉

> 子虚乌有 👉 有进无退 👉 退思补过 👉 过眼云烟 👉

> 烟聚波属 👉 属词比事 👉 事在必行 👉 行步如飞

教你识字

zhān	shèng	cán	zhì	xū	shǔ
沾	胜	残	彘	虚	属

深知其意

　　沾沾，意思是自矜、自得的样子。沾沾自喜，指自己觉得美好而得意，多用于形容对自己的成绩感到满足得意，表现出一种轻浮的洋洋自得的样子。

趣学趣用

　　取得点成绩，千万不要沾沾自喜，那样会停步不前。

实践出真知

　　下列四个词语中，有两个是"沾沾自喜"的近义词，有两个是它的反义词。填空后，把它们分别挑出来。

　　　　（　）（　）得意　　　（　）（　）自满

　　　　（　）（　）丧气　　　（　）（　）丧气

故事大讲堂

　　窦婴，作为汉初的重要人物，以其豪爽直率和勇猛忠诚而闻名，但他的自信有时也可能被解读为自满。

　　一次，窦婴在朝廷中提出了一项建议，这个建议在上位者看来并不那么重要，但对于窦婴来说，却是他智慧和勇气的体现。他对此感到自豪，在言谈举止间流露出了一种满足感，这种满足感被其他朝臣解读为"沾沾自喜"。

　　汉景帝作为一个深谋远虑的君主，观察到了窦婴的这种表现，并对比感到不满。在汉景帝看来，一个真正的大臣应该低调谦逊，不以自身的事为荣，而要以国家和人民的利益为重。因此，尽管窦婴有才，但汉景帝也认为他在心态上"难当大任"。

　　通过窦婴的行为，我们可以体会到"沾沾自喜"一词的含义。它提醒我们，即使取得小小的成功，也应保持谦逊。

后来居上

接龙天地

后来居上 👉 上兵伐谋 👉 谋事在人 👉 人中之龙 👉

龙拿虎掷 👉 掷果潘安 👉 安忍无亲 👉 亲知把臂 👉

臂有四肘 👉 肘胁之患 👉 患难相恤 👉 恤老怜贫

教你识字

fá	ná	zhì	zhǒu	xié	xù	lián
伐	拿	掷	肘	胁	恤	怜

深知其意

居，处在。后来居上，也作"后来处上""后来者居上"。原指资历浅的反而位在资历深的之上；现在多用来比喻后来的人和事进步很快，赶上或超过了先前的。

趣学趣用

原本是差生的他刻苦努力，在期末考试中取得了很好的成绩，真是后来居上。

实践出真知

说说你对哪些成语感兴趣，动动手查资料，把它们记录下来吧。

故事大讲堂

　　"后来居上"的故事的主角是汉朝的两位大臣——汲黯和公孙弘。

　　汲黯是汉武帝时期的一位大臣，他为人正直，敢于直言，深受百姓爱戴。公孙弘则是后来崛起的官员，他聪明机敏，善于应对，很受汉武帝的器重。

　　起初，汲黯的地位和影响力远在公孙弘之上。但公孙弘非常勤奋，他不仅精通儒家经典，还擅长行政事务，处理事情公正公平，逐渐赢得了皇帝的信任和赏识。汉武帝曾对汲黯说："公孙弘虽然在你之后入仕，但他的学问、能力都已经超越了你。"这就是"后来居上"的出处。

　　尽管汲黯对此感到不满，但他也承认公孙弘的能力和努力。这个故事告诉我们，"后来居上"并不意味着对先来者的贬低，而是赞扬那些凭借自身努力和才能，超越前者的人。它鼓励人们要有进取心，不断学习和提升，即使起点低也要不懈地努力去超越自己，超越前面的人。

漏网之鱼

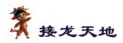 接龙天地

漏网之鱼 👉 鱼龙曼延 👉 延颈就缚 👉 缚舌交唇 👉

唇辅相连 👉 连枝同气 👉 气数已尽 👉 尽瘁鞠躬 👉

躬耕乐道 👉 道路藉藉 👉 藉草枕块 👉 块儿八毛

✏️ 教你识字 ⎯⎯⎯⎯⎯

màn	yán	jǐng	fù	cuì	jū	gōng	jí
曼	延	颈	缚	瘁	鞠	躬	藉

✏️ 深知其意 ⎯⎯⎯⎯⎯

　　漏网之鱼，指从网眼里漏出去的鱼，常被用来比喻侥幸逃脱的罪犯或者敌人。

✏️ 趣学趣用 ⎯⎯⎯⎯⎯

　　虽然这股敌人暂时成了漏网之鱼，但是迟早会被我们歼灭的。

实践出真知

　　填空后观察下列词语，想一想，它们在意思上与"漏网之鱼"有啥关系？

惊（　）之（　）　　　丧（　）之（　）　　　瓮（　）之（　）

一（　）打（　）

故事大讲堂

在《史记·秦本纪》中有这样一段故事，讲述了孟明视、白乙丙、西乞术三位秦国将领在晋国战败后的逃亡经历，这一事件后来被引申为"漏网之鱼"的成语。

公元前627年，秦国派孟明视、白乙丙、西乞术三人率军攻打晋国，却在崤之战中惨败。晋国将领俘虏了他们，准备将他们献给晋襄公。然而，晋襄公的母亲杞梁夫人劝说晋襄公释放他们，因为这三位将领是秦穆公的心腹，如果不放他们回去，秦国会更加仇视晋国。晋襄公听从了母亲的建议，给他们每人一匹马，让他们自行离开。

三位将领深知自己已是"死里逃生"，如同"漏网之鱼"，他们趁着夜色，沿着黄河岸边潜回秦国。回到秦国，他们主动向秦穆公请罪。秦穆公不但没有责怪他们，反而给予厚赏，因为他们成功逃脱，带回了宝贵的情报。

这个故事中的"漏网之鱼"，是指那些在困境中侥幸逃脱的人。后来，这个成语广泛应用于形容在灾难或追捕中幸免于难的人。

四海为家

接龙天地

四海为家 👉 家道消乏 👉 乏善可陈 👉 陈古刺今 👉

今生今世 👉 世济其美 👉 美意延年 👉 年华垂暮 👉

暮翠朝红 👉 红叶题诗 👉 诗酒征逐 👉 逐影随波

教你识字

fá	shàn	cì	yán	chuí	mù
乏	善	刺	延	垂	暮

深知其意

　　四海，古人认为中国四面全都有海环绕，故以"四海"指全国各地。四海为家，原指帝王占有天下，统治全国。现泛指人漂泊无定所或志在四方，到处都可以当作自己的家。

趣学趣用

　　王大爷骑车游中国，到处"流浪"，真可谓四海为家。

实践出真知

说说你对哪些成语感兴趣，动动手查资料，把它们记录下来吧。

故事大讲堂

在秦末乱世，刘邦以沛县亭长的身份起兵反秦，他的智囊萧何一直伴随左右。一次，刘邦率军征战在外，他写信给留守在后方的萧何，询问家乡的情况。萧何回复的信中并未提及家事，而是详细报告了各地的人才状况。刘邦看后，非常高兴，他对部下说："我虽然远离家乡，但只要有萧何在，我就知道家中一切安好。至于我个人的家庭，四海之内，哪里不是我的家呢？"这句话体现了刘邦不拘泥于一地，有着统一全国的雄心壮志。

"四海为家"这个成语由此而来，意指不把任何一个地方当作固定居所，无论到哪里都能适应，有家的感觉。它不仅描绘了刘邦的豪情壮志，也象征着他的王者风范，能够接纳并利用天下人才，为实现宏大目标而奋斗。这个故事至今仍被用来形容那些胸怀壮志，敢于挑战，不畏艰难，视天下为家的人。

师出无名

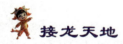

接龙天地

师出无名 👉 名山大川 👉 川流不息 👉 息事宁人 👉

人自为政 👉 政令不一 👉 一栖两雄 👉 雄飞雌伏 👉

伏虎降龙 👉 龙马精神 👉 神清气茂 👉 茂林修竹

教你识字

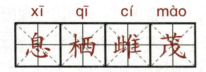

xī	qī	cí	mào
息	栖	雌	茂

深知其意

师出无名，指出兵打仗没有正当的理由。也泛指做事没有正当理由。

趣学趣用

你得找个恰当的理由和他谈，否则会让人觉得师出无名。

实践出真知

下面这个词语的意思和"师出无名"的意思相反，根据这个词语的解释，在括号中写出这个词语。

（　　　）：名，名分，名义；顺，合理、顺当。原指名分正当，说话合理。后多指做某事名义正当，道理也说得通。

故事大讲堂

公元前 207 年，秦朝的暴政引发民怨沸腾，各地起义军纷纷崛起，反抗秦朝的暴政，其中以项羽和刘邦的势力最为强大。项羽在巨鹿之战中大败秦军主力，成为反秦势力的领袖。然而，刘邦却先一步进入咸阳，推翻了秦朝统治，并与城中百姓约法三章。随后，项羽率大军进入咸阳，杀降王，烧宫室。他不遵守楚怀王"谁先攻入咸阳谁就当秦王"的指令，在彭城自立为西楚霸王，称楚怀王为"义帝"，不久又暗中将其杀害。

项羽的这些举动引发诸侯们的强烈不满。汉王刘邦领兵到了洛阳，董公对刘邦说："我听说顺德者昌盛，逆德者灭亡。没有正当理由，做大事就不会成功。项羽无道，杀君王，为天下人所怨恨。您趁此率军征伐，兴的是仁义之师，四海之内都会仰慕你的德行。"之后，经过多年楚汉战争，刘邦最终建立了西汉政权。

"师出无名"这个成语被用来形容出兵没有正当理由，也引申为做事却没有正当理由。它警示后人，任何行动都需要有正当的理由，否则可能会失去人心，甚至失败。

雄才大略

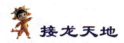 **接龙天地**

雄才大**略** 👉 **略**迹原**情** 👉 **情**天**孽海** 👉 **海**枯见**底** 👉

底死**谩生** 👉 **生**男育**女** 👉 **女**织男**耕** 👉 **耕耘**树**艺** 👉

艺高胆**大** 👉 **大直**若**诎** 👉 **诎**寸信**尺** 👉 **尺蠖**求伸

教你识字

lüè	jì	niè	màn	yún	qū	huò
略	迹	孽	谩	耘	诎	蠖

深知其意

雄，杰出。才，才能。略，谋略。雄才大略，杰出的才智和远大的谋略。形容某人的人才出众，智慧卓越，有远见和高超的才能。

趣学趣用

战局的演变，展示了指挥员的雄才大略。

实践出真知

说说你对哪些成语感兴趣，动动手查资料，把它们记录下来吧。

故事大讲堂

刘彻是中国历史上的一位重要君主，他在位期间，汉朝达到了鼎盛，被誉为"汉武盛世"。 刘彻在位初期，面临的是一个内忧外患的国家。国内诸侯势力强大，威胁中央集权；匈奴频繁侵扰边境，国家安全受到严重威胁。然而，刘彻以其卓越的政治智慧和坚定的决心，开始了大刀阔斧的改革。

他采纳董仲舒的建议，"罢黜百家，独尊儒术"，确立了儒家思想的主导地位，强化了思想控制，稳定了社会秩序。同时，他推行盐铁官营、均输平准等经济政策，增强了国家财力。 对外，刘彻以极大的魄力和策略，派卫青、霍去病等将领北击匈奴，收复河套地区，使匈奴再也不敢南下，极大地扩大了汉朝的疆域，保障了边疆安宁。

此外，他还派遣张骞出使西域，开辟了著名的"丝绸之路"，加强了与中亚、西亚的交流，扩大了汉朝的影响力。 刘彻的这些举措，充分展现了其"雄才大略"，使汉朝从内忧外患中走出来，走向了繁荣强盛。

珠联璧合

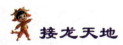
接龙天地

珠联璧合 👉 合眼摸象 👉 象箸玉杯 👉 杯水之敬 👉

敬业乐群 👉 群起攻击 👉 击节称叹 👉 叹老嗟卑 👉

卑论侪俗 👉 俗之所排 👉 排患解纷 👉 纷纷不一

✏️ **教你识字**

bì	zhù	jiē	chái
璧	箸	嗟	侪

🖊️ **深知其意**

璧，美玉。珠联璧合，珍珠串在一起，美玉合在一起。比喻美好的人或事物聚合在一起，相得益彰。

✏️ **趣学趣用**

这处园林的艺术风格完美体现了现代美和古典美，两者真是珠联璧合，相得益彰。

下面的解释是"珠联璧合"的最初义，认真体会这个词语的比喻义与最初义的联系。

实践出真知

①指日月、五星同时出现于天的一方。语本《汉书·律历志（上）》："日月如合璧，五星如连珠。"

②泛指日月五星普照天下。

故事大讲堂

　　"珠联璧合"这个成语出自《汉书·律历志（上）》，用来比喻优秀的人或事物结合在一起，形成完美的整体。今天的故事的主角是汉武帝时期的两位才子——东方朔和司马相如。

　　东方朔，以博学多才、机智幽默著称，深受汉武帝喜爱。他的文章才情横溢，善于辞令，被誉为"滑稽之雄"。而司马相如则是西汉时期的大文豪，他的《长门赋》《子虚赋》等作品，文采斐然，深得文人士大夫的敬仰。

　　一次，汉武帝举办文会，邀请各地文人献诗献赋，以展现才华。东方朔和司马相如都被召至宫中。两人各展其能，东方朔的辞藻犀利，幽默诙谐，司马相如的文笔优美，深情款款。他们的作品如同璀璨的珍珠和圆润的美玉，各有特色，却又相互辉映，犹如一场无比美妙的文学盛宴，让在场的人无不赞叹。

　　汉武帝看后大喜，称赞他们的才华如同珍珠和美玉的结合，完美无瑕。

国富民安

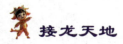 接龙天地

国富民安 👉 安坐待毙 👉 毙而后已 👉 已陈刍狗 👉

狗屁不通 👉 通观全局 👉 局天促地 👉 地老天荒 👉

荒诞不经 👉 经营擘划 👉 划粥割齑 👉 齑身粉骨

教你识字

bì	chú	dàn	zhōu	jī
毙	刍	诞	粥	齑

深知其意

国富民安，国家富强，人民安定。形容太平盛世。

趣学趣用

一个国家只有国富民安，才能立于世界强国之林。

实践出真知

说说你对哪些成语感兴趣，动动手查资料，把它们记录下来吧。

_____

_____

· 41 ·

故事大讲堂

　　汉朝初期，经过秦末的战乱，国家经济凋敝，民不聊生。汉高祖刘邦建立汉朝后，他的儿子汉惠帝刘盈和孙子汉文帝刘恒，以及文帝的儿子汉景帝刘启，共同推行了一段时期的温和政策，被称为"文景之治"。他们注重农业发展，减轻赋税，提倡节俭，使社会逐渐恢复稳定，人民的生活得到改善。

　　在文帝和景帝的治理下，国家积累了大量的财富，百姓的生活水平大大提高，社会秩序井然，国家强盛，人民安乐。这段时期，田野肥沃，五谷丰登，人民富足，国家安宁，被誉为"国富民安"的盛世。

　　"国富民安"这个成语，就是对这段历史的概括和赞美，它体现了古人对国家治理的理想追求—— 国家强大、人民富裕、社会安宁。至今，这个成语仍然被用来描述一个国家繁荣、社会稳定、人民生活富足的盛世画卷。

百家争鸣

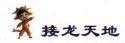
接龙天地

百家争鸣 ☞ 鸣钟列鼎 ☞ 鼎鼎大名 ☞ 名山大川 ☞

川壅必溃 ☞ 溃兵游勇 ☞ 勇猛直前 ☞ 前俯后合 ☞

合胆同心 ☞ 心腹之害 ☞ 害人不浅 ☞ 浅斟低唱

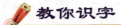
教你识字

dǐng	yōng	kuì	fǔ	zhēn
鼎	壅	溃	俯	斟

深知其意

　　百家，原指先秦时代各种思想流派，如儒、道、法、墨等诸子百家；鸣，指发表意见。百家争鸣，现指观点不同的学派可以自由争论。

趣学趣用

　　发展祖国的文艺事业，就是要提倡"百花齐放、百家争鸣"。

　　在括号处填入恰当的字，然后把与"百家争鸣"意思接近的词语找出来。

实践出真知

畅（　）欲（　）　　各（　）己（　）　　百（　）齐（　）

一（　）打（　）　　一（　）之（　）

故事大讲堂

　　春秋战国时期，社会动荡，众多学派如儒家、道家、法家、墨家等纷纷提出自己的治国理念和人生哲学，客观上形成了学术思想繁荣的局面。每个学派都有自己的主张和见解，犹如百鸟齐鸣，各展其音，故被称为"百家争鸣"。

　　其中，孔子创立的儒家主张"仁爱"与"礼制"，强调道德教化和社会秩序；老子的道家倡导"无为而治"，主张顺应自然，反对过度干预；墨子的墨家强调"兼爱非攻"，提倡和平与博爱；法家则以韩非子为代表，主张法治，强调以法律来治理国家。"百家争鸣"不仅是中国古代思想文化的一次大繁荣，也是中华文明的重要基石。它推动了知识的传播，促进了思想的解放，为后世留下了丰富的文化遗产。

　　"百家争鸣"这个成语寓意着学术自由、思想开放，鼓励各种观点的交流和碰撞，是推动社会进步与发展的源泉。

哗众取宠

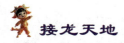 **接龙天地**

哗众取宠 ☞ 宠柳娇花 ☞ 花繁叶茂 ☞ 茂林修竹 ☞

竹罄南山 ☞ 山呼海啸 ☞ 啸咤风云 ☞ 云开雾释 ☞

释知遗形 ☞ 形势逼人 ☞ 人才辈出 ☞ 出家弃俗

教你识字

huá	chǒng	jiāo	mào	qìng	xiào	shì	bèi
哗	宠	娇	茂	罄	啸	释	辈

深知其意

哗众取宠,用浮夸的言论或做作的行动迎合众人,以博得人们的好感、支持或拥护。

趣学趣用

群处时千万不要做那种哗众取宠的事情,因为那样对你一点帮助也没有。

 实践出真知

说说你对哪些成语感兴趣,动动手查资料,把它们记录下来吧。

45

故事大讲堂

　　"哗众取宠"出自班固对儒家学说的源流及发展的论说，他指出有些人在传承儒家学说的过程中，既不能深入理解其精髓，又会随波逐流，甚至故意夸大其词，偏离了儒家理论的根本，只是为了吸引大众的注意，"苟以哗众取宠"。

　　在《汉书·艺文志》中，班固认为，应该重视儒家学说，但后世有一些糊涂的人忽视了儒学理论的精深奥妙之处，还有那些反对儒家学说的人又随意对儒学指手划脚，加以贬低。这些做法都偏离了儒学的本质，是利用浮夸的言行迎合群众的行为，是很不正当的。

　　后人常用"哗众取宠"这个成语来形容那些用浮夸的言辞以博得众人关注的人。

见利忘义

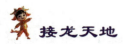

接龙天地

见利忘义 👉 义气相投 👉 投袂而起 👉 起师动众 👉

众口嗷嗷 👉 嗷嗷无告 👉 告老还乡 👉 乡里夫妻 👉

妻儿老小 👉 小廉曲谨 👉 谨行俭用 👉 用尽心机

教你识字

mèi	áo	qī	lián	jǐn	jiǎn
袂	嗷	妻	廉	谨	俭

深知其意

见利忘义，看到有利可图就不顾道义，形容人贪财自私，为了私利，而不顾正义和道义。

趣学趣用

像他这种见利忘义的小人，一定会遭到大家的唾弃。

实践出真知

根据解释的意思，在括号中填入恰当的字，并指出哪个是"见利忘义"的近义词，哪个是它的反义词。

利令（　　）昏：因贪图利益而使头脑发昏，比喻因贪图私利而丧失理智，把什么都忘掉了。

见利思（　　）：看见钱财利益，要想到道义，形容廉洁自守。

故事大讲堂

　　汉高祖刘邦死后，吕后专政。她大肆分封吕氏族人，严重威胁了刘汉的江山。这一举动激起一批汉朝功臣的不满，丞相陈平、太尉周勃等老臣急忙秘密商议对策。

　　他们认为，当务之急是控制禁卫军，但兵符在吕后侄子吕禄的手中。要怎么才能把他争取过来并交出兵符呢？这时，陈平想起来，前丞相郦商的儿子郦寄与吕禄交情深厚，只有借助郦寄，才能说服并控制住吕禄，让他交出兵符。于是，他们来到郦商家中，将担忧和谋划和盘托出。郦商听后，意识到问题的严重性，于是命儿子郦寄邀请吕禄去狩猎。周勃事先设了埋伏，成功擒获吕禄，拿到兵符。随后，他们在未央宫杀死吕后。吕氏势力一一被消灭干净，大汉政权得以保全。

　　在这场斗争中，郦寄立了大功，但当时的舆论指责他为自己的利益出卖朋友。"见利忘义"这个成语就被用来形容那些看见有利可图就不顾道义的人。

水滴石穿

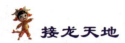
接龙天地

水滴石穿 👉 穿壁引光 👉 光车骏马 👉 马瘦毛长 👉

长往远引 👉 引商刻角 👉 角立杰出 👉 出将入相 👉

相提而论 👉 论千论万 👉 万念俱灰 👉 灰身泯智

✏️ 教你识字

dī	bì	shòu	huī
滴	壁	瘦	灰

✏️ 深知其意

滴，液体一点一点地往下落；穿，破、透。水滴石穿，指水一滴一滴不断地往下滴落，会把石头穿透。比喻只要有恒心，不断努力，就能把艰难的事情办成，事情自然也会成功。

✏️ 趣学趣用

无论是做学问，还是做事业，我们都要发扬水滴石穿的精神。

实践出真知

说说你对哪些成语感兴趣，动动手查资料，把它们记录下来吧。

北宋时，张咏在崇阳担任县令，当时的社会风气很不好，盗窃成风，张咏决定好好整治这种现象。

有一天，张咏看到一个小吏从县里的钱库出来，帽子下还夹着一枚铜钱。张咏十分愤怒，下令重责小吏。小吏不服气，认为张咏太小题大做，他不过是偷了一枚铜钱而已。张咏见他不知悔改，拿起笔写了判词："一天偷一枚铜钱，一千天就偷一千枚。用绳子不停地锯木头，木头就会被锯断，水滴不停地滴石头，石头就会被滴穿。"

写完后，张咏亲自斩杀了小吏。这件事传遍了全县，从此县里的偷窃之风得到了纠正。现在，"水滴石穿"这个成语常被用来形容持之以恒的毅力和坚韧不拔的精神。

"水滴石穿"这个成语常被用来形容持之以恒的毅力和坚韧不拔的精神，表明只要功夫深，铁杵也能磨成针，体现了中国传统价值观中的勤勉和毅力。

积少成多

接龙天地

积少成多 ☞ 多许少与 ☞ 与狐谋皮 ☞ 皮里抽肉 ☞

肉山酒海 ☞ 海屋筹添 ☞ 添油炽薪 ☞ 薪贵于桂 ☞

桂林一枝 ☞ 枝分叶散 ☞ 散言碎语 ☞ 语妙天下

✎ 教你识字

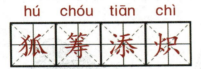

hú	chóu	tiān	chì
狐	筹	添	炽

✎ 深知其意

积少成多，一点一滴的积累，就会从少变多。

✎ 趣学趣用

每一次的小尝试都会为你带来意想不到的收获，积少成多，最后你会收获满满。

实践出真知

下列3个词语都是"积少成多"的近义词，借助工具书查阅它们的意思，看看哪个词的意思是说事务完成得不容易，把它找出来。

铢积寸累　　众志成城　　积水成渊

· 51 ·

故事大讲堂

《老子》六十四章有"合抱之木，生于毫末；九层之台，起于累土；千里之行，始于足下"之语。意思是：合抱粗的大树，是从细小的萌芽长成的；九层高的楼台，是从一堆泥土筑起来的；千里远的路程，是从足下第一步开始的。宏伟的事业，都是从一点一滴开始，积少成多，经过长期脚踏实地的努力，不断积累成果而获得成功的。

"积少成多"这个成语告诉我们，即使是微小的积累，也能成就大事。只要持之以恒，不断积累，最终都能取得显著的成果。

滥竽充数

 **接龙天地**

滥竽充数 👉 数奇不偶 👉 偶一为之 👉 之死靡二 👉

二八年华 👉 华颠老子 👉 子夏悬鹑 👉 鹑衣百结 👉

结不解缘 👉 缘情肖物 👉 物阜民安 👉 安之若固

教你识字

làn	yú	ǒu	mí	diān	xuán	chún	yuán	xiāo	fù
滥	竽	偶	靡	颠	悬	鹑	缘	肖	阜

深知其意

　　滥，失实，与真实情况不相符合。竽，古代的一种簧管乐器。滥竽，冒充会吹竽的人。充数，凑数。滥竽充数，比喻没有真实本领的人混在行家里面充数，也比喻以次充好。

趣学趣用

　　学知识做学问，一定要实事求是，切不可滥竽充数。

 实践出真知

　　说说你对哪些成语感兴趣，动动手查资料，把它们记录下来吧。

故事大讲堂

　　战国时期，齐国的国王齐宣王喜欢听三百人的大合奏。有一位南郭先生，虽然他并不会吹竽，但他趁着招揽乐师的机会，加入乐队。每次演奏时，他都假装吹奏，实际上只是随着大家的演奏张嘴闭嘴而已，因为他根本不懂音乐，但也没有人发现他的秘密。就这样，南郭先生在乐队中混了好几年，享受着皇家的俸禄。

　　然而，齐宣王去世后，他的儿子齐湣王继位。齐湣王却偏好听独奏，这让南郭先生慌了神，他知道自己的真面目早晚会被揭穿，为了避免暴露，南郭先生只好偷偷溜走，离开了皇宫。

　　这个故事寓意深远，它警示我们，一个人如果没有真实的能力和才华，那他是无法长期掩饰的，只有真正有本事的人才能在关键时刻站得住脚。

饮鸩止渴

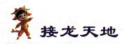接龙天地

饮鸩止渴 ☞ 渴者易饮 ☞ 饮河满腹 ☞ 腹热心煎 ☞

煎盐迭雪 ☞ 雪肤花貌 ☞ 貌不惊人 ☞ 人多阙少 ☞

少不更事 ☞ 事半功百 ☞ 百了千当 ☞ 当世儒宗

教你识字

zhèn	kě	fù	jiān	dié	què	rú
鸩	渴	腹	煎	迭	阙	儒

深知其意

鸩，传说中的毒鸟。饮鸩止渴，指饮用鸩的羽毛浸泡过的毒酒来解渴，比喻用错误的办法来解决眼前的困难而不顾严重的后果以及将来更大的祸患。

趣学趣用

不要因为眼前的一时困难而去采用饮鸩止渴的办法，那样是非常不可取的。

实践出真知

下列词语都是"饮鸩止渴"的近义词，试着在括号处填上恰当的字，并理解这些词语的意思。

抱（　）救（　）　　　急（　）近（　）　　　渴（　）而（　）

扬（　）止（　）　　　饥（　）择（　）　　　杀（　）取（　）

挖（　）补（　）

故事大讲堂

东汉时期，霍谞的舅舅宋光被诬陷篡改朝廷法令而入狱。霍谞为了给宋光申冤，给大将军梁商写了一封信。在信中他说："宋光一向循规蹈矩，如果对朝廷的法令有不同的看法，也会按程序向朝廷汇报，怎么可能冒着生命危险私自篡改呢？这样做就好比肚子饿了吃有毒的附子充饥，渴了喝毒酒解渴一样，东西还没有进入肠胃，人就断气了。我的舅舅怎么可能做出这种蠢事呢？请大将军明察秋毫，千万不要冤枉了好人……"

梁商看了霍谞的信，认为他说的话很有道理，就释放了宋光。

故事中的"饮鸩止渴"比喻采取有害的办法来解决问题，就像喝毒酒解渴，这启示我们遇到问题要沉着冷静，寻找合理的解决方案。

东山再起

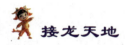
接龙天地

东山再起 👉 起凤腾蛟 👉 蛟龙得雨 👉 雨条烟叶 👉

叶公好龙 👉 龙屈蛇伸 👉 伸钩索铁 👉 铁郭金城 👉

城下之辱 👉 辱门败户 👉 户枢不朽 👉 朽木枯株

教你识字

fèng	téng	jiāo	gōu	suǒ	rǔ	shū
凤	腾	蛟	钩	索	辱	枢

深知其意

　　东山再起，指再度出任要职，也比喻失势之后又重新得势或失败后重新获得成功。

趣学趣用

　　虽说目前我失败了，但我会调整策略，重整旗鼓，等待机会东山再起。

实践出真知

说说你对哪些成语感兴趣，动动手查资料，把它们记录下来吧。

故事大讲堂

　　谢安是晋朝一位著名的政治家，他在早期的官场生涯中，因为不满时政，选择辞官归隐，到会稽（今浙江绍兴）的东山过起了隐居生活，故被称为"东山高士"。他在这里过着与世无争的生活，时常与文人墨客吟诗作对，饮酒谈天。

　　然而，当国家在面临北方强敌苻坚的威胁时，朝廷又想起了谢安的才能。于是，谢安被召回朝廷，重新担任宰相，领导军队抵抗外敌。在淝水之战中，谢安运筹帷幄，成功击败了苻坚的大军，保全了国家，这就是历史上著名的"淝水之战"。

　　因此，"东山再起"这个成语就被用来形容某人失势后再次崛起，或者暂时退隐后重新出山，恢复了原有的地位或局面。故事中，谢安，以"世道未夷，志存匡济"的抱负慨然应诏，重步仕途，体现了名士的家国担当。

披荆斩棘

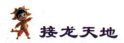
接龙天地

披荆斩棘 👉 棘地荆天 👉 天人之际 👉 际会风云 👉

云娇雨怯 👉 怯防勇战 👉 战战栗栗 👉 栗烈觱发 👉

发凡言例 👉 例行差事 👉 事不关己 👉 己饥己溺

✏️ 教你识字

jīng	jí	jiāo	qiè	lì	bì	nì
荆	棘	娇	怯	栗	觱	溺

✏️ 深知其意

披荆斩棘，指拨开荆丛，砍掉荆棘，比喻开创事业或在前进的道路上清除障碍，艰苦奋斗。

✏️ 趣学趣用

他这种披荆斩棘的大无畏精神，值得人们去赞扬与学习。

实践出真知

在括号处填入恰当的字。另外都是"披荆斩棘"的近义词，在表达程度上，有一个词语与其他略有不同，试着找出来。

筚路（　）（　）　　乘风（　）（　）　　一往（　）（　）

含辛（　）（　）　　斗志（　）（　）　　负芒披（　）

攻坚（　）难　　　劈波（　）浪

故事大讲堂

　　东汉开国将领冯异，以智勇双全、谦逊低调著称，是刘秀（即后来的汉光武帝）的重要助手，在推翻王莽的新朝，恢复汉室江山的过程中发挥了关键作用。

　　公元 23 年，刘秀在河北起兵，冯异作为他的得力干将，始终追随左右。他们的军队经常需要穿越荒芜的山林，道路险阻，荆棘密布。在这种艰难的环境下，冯异并未退缩，他身先士卒，手持利剑，亲自走在队伍前列，披荆斩棘，为大军开辟出一条前行的道路。他的勇敢和坚韧不仅激励了士兵们的斗志，也赢得了刘秀的高度赞赏。

　　这个成语，形象地描绘了冯异不畏艰难，勇往直前的英勇形象。他面对困难，不仅没有被压倒，反而以实际行动鼓舞了团队的士气，展示了他无畏的斗志和坚定的决心。现在，披荆斩棘被用来形容人们在追求目标或解决问题时，不惧困难，积极进取的精神状态。

鹤立鸡群

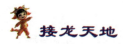

接龙天地

鹤立鸡群 👉 群山四应 👉 应时之技 👉 技高一筹 👉

筹添海屋 👉 屋如七星 👉 星奔电迈 👉 迈古超今 👉

今古奇观 👉 观山玩水 👉 水母目虾 👉 虾蟆抱桂

教你识字

hè	chóu	tiān	xiā	má
鹤	筹	添	虾	蟆

深知其意

鹤立鸡群，像鹤站在鸡群中一样。比喻一个人的仪表、形象、表现以及才能等在周围一群人里显得极其突出。

趣学趣用

她的才艺表演惟妙惟肖，让她在这一组里特别突出，可谓鹤立鸡群了。

实践出真知

说说你对哪些成语感兴趣，动动手查资料，把它们记录下来吧。

故事大讲堂

　　嵇绍是魏晋时期著名的竹林七贤之一的嵇康的儿子，他才情出众，品行高洁，深受人们的敬仰。

　　嵇绍身材魁梧，仪表堂堂，且才学过人。有一次，晋武帝司马炎在朝廷举行盛大的宴会，所有的官员都穿着华丽的官服出席。当嵇绍走进大殿时，他的气质和风度显得与众不同，就像一只鹤站在鸡群中，格外引人注目。尽管他并未穿戴华贵的服饰，但他的高雅气质和深沉内涵，使他在众多官员中显得鹤立鸡群，与众不同。

　　这个故事后来就演变成了"鹤立鸡群"这一成语，形容一个人的才能、品质或风采远远超过周围的人，就像鹤在鸡群中一样，显得特别突出。嵇绍的高尚品格，也成为中国古代文人士大夫所追求的目标，他的故事激励着人们要不断提升自我，追求卓越。

赤膊上阵

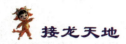

接龙天地

赤膊上阵 👉 阵马风樯 👉 樯倾楫摧 👉 摧坚获丑 👉

丑声远播 👉 播穅眯目 👉 目瞪口结 👉 结党营私 👉

私心妄念 👉 念旧怜才 👉 才疏学浅 👉 浅见薄识

教你识字

bó	qīng	jí	cuī	bō	kāng	dèng	wàng	shū	bó
膊	倾	楫	摧	播	穅	瞪	妄	疏	薄

深知其意

　　赤膊,光着上身,指不穿盔甲。阵,泛指战场。赤膊上阵,原指不穿盔甲,裸露上身,上阵作战。形容作战勇敢,全力以赴地进行战斗。后被用来比喻没有准备或毫无掩饰地做事。

趣学趣用

　　狭路相逢,勇士们赤膊上阵,毫不畏惧,令人叹服。

实践出真知

　　下面这个词语是"赤膊上阵"的近义词,根据解释的词语意思,把这个词填入括号中,并说说这两个词有什么不同。

　　(　　):为了行动便利,只携带轻便的装备上战场。也比喻去除思想顾虑,轻松地投入到工作或学习中。

故事大讲堂

　　东汉末，马腾被曹操杀害。马腾的儿子马超得知父亲被害的消息后，悲愤填膺，决定率领西凉军向曹操复仇。

　　曹操派了大将军许褚与马超激战。二人都勇猛异常，大战多个回合都难分胜负。许褚战得兴起，干脆脱下铠甲，赤膊上阵，与马超再战。两人又斗了三十多个回合，直至两军陷入混战，仍未分出高下，曹军最终不敌，退回了城中。

　　"赤膊上阵"这个成语流传至今，用来形容一个人全力以赴，毫无保留地投入战斗或者工作。它也是一个赞誉人们在关键时刻敢于担当，勇往直前的成语。

墨守成规

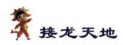
接龙天地

墨守成规 ☞ 规矩准绳 ☞ 绳枢之士 ☞ 士农工商 ☞

商鉴不远 ☞ 远怀近集 ☞ 集腋成裘 ☞ 裘马清狂 ☞

狂吟老监 ☞ 监主自盗 ☞ 盗贼公行 ☞ 行踪无定

教你识字

mò	jǔ	shéng	shū	jiàn	yè	qiú	zéi
墨	矩	绳	枢	鉴	腋	裘	贼

深知其意

　　墨守，战国时墨翟善于守城。成规，现成的或久已通行的规则、方法。墨守成规，比喻思想保守固执，守着老规矩，不肯改变和改进。

趣学趣用

　　在这个新时代大环境下，许多事情必须寻求创新，不能再墨守成规，用旧思想去处理了。

实践出真知

说说你对哪些成语感兴趣，动动手查资料，把它们记录下来吧。

故事大讲堂

战国时期，楚国准备攻打宋国，楚王派大将公输班设计和制造云梯等攻城器械，打算对宋国进行大规模的进攻。公输班造出云梯后，非常自信。墨子听闻此事后，立即从鲁国出发，长途跋涉，用了十天十夜赶到楚国。

墨子与公输班进行了一场模拟攻防战的演示，他仅用了一些简单的道具，就破解了公输班的云梯攻城之计。公输班虽然连换了九种攻城方法，但都被墨子一一化解了。墨子的智慧和策略让公输班深感佩服，同时也让楚王放弃了攻打宋国的计划。

这个故事中的"墨守"，指的是墨子的防守策略，而"成规"则是指他会根据实际情况灵活应对，不拘泥于既定的规则。"墨守成规"现在常被用来批评那些固守旧习，不愿创新的人，而实际上，墨子的行为恰恰是灵活变通的典范。

千载难逢

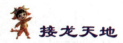

接龙天地

千载难逢 👉 逢凶化吉 👉 吉凶未卜 👉 卜数只偶 👉

偶影独游 👉 游刃皆虚 👉 虚舟飘瓦 👉 瓦解星飞 👉

飞雁展头 👉 头焦额烂 👉 烂若披掌 👉 掌上观文

教你识字

zǎi	bǔ	rèn	yàn	jiāo	é
载	卜	刃	雁	焦	额

深知其意

载，年。逢，遇到、碰到。千载难逢，意指一千年也难得遇到一次这样的机会，形容机遇十分难得与宝贵。

趣学趣用

这是我人生路上一次千载难逢的好机会，我一定要好好珍惜，竭尽全力把握住它。

结合对"千载难逢"一词的深层解析填空。

实践出真知

千载难逢意味着某个机会或事件在漫长的时间中只有极少的可能出现。在这个词语中，（　　）代表了一个漫长的时间段，而（　　）则表示极少见到，因此千载难逢意味着机会来临的概率非常之小。

故事大讲堂

唐朝著名的文学家韩愈，从小博览群书，年纪轻轻就在朝中担任重要官职。

当时，佛教在唐朝极为盛行，唐宪宗也十分崇尚佛教，他听说某寺有释迦牟尼的遗骨，准备兴师动众将其迎进宫中礼拜。韩愈十分反对，认为此举劳民伤财。唐宪宗因此将他贬至潮州担任刺史。

被贬至潮州后，韩愈并未消沉，他时刻关注朝中动向，以求调回京城。终于，他等到了一个千载难逢的机会。唐宪宗为了加强中央集权，进行了一系列改革，韩愈立刻就上书《潮州刺史谢上表》，建议唐宪宗到泰山举行封禅大典，并表示自己若不能参加这个千载难逢的盛会，将终生遗憾。唐宪宗看了他的上书后，便将他调回了京城。

"千载难逢"这一成语便来源于韩愈的这段故事。它原指一千年也难碰到一次的机会，后常被用来比喻机会难得。

韩愈的故事告诉我们，要善于把握机遇，这样才能继续实现自己的人生价值。

诲人不倦

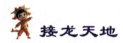

接龙天地

诲人不倦 👉 倦鸟知还 👉 还年驻色 👉 色厉胆薄 👉

薄祚寒门 👉 门庭赫奕 👉 奕奕欲生 👉 生死存亡 👉

亡命之徒 👉 徒子徒孙 👉 孙康映雪 👉 雪窗萤火

教你识字

huì	juàn	lì	bó	zuò	hè	yì	yíng
诲	倦	厉	薄	祚	赫	奕	萤

深知其意

诲，教导。诲人不倦，教导人特别耐心，从不厌倦。

趣学趣用

在教书育人这个岗位上，她一干就是三十多年，从来都是兢兢业业，诲人不倦。

实践出真知

说说你对哪些成语感兴趣，动动手查资料，把它们记录下来吧。

故事大讲堂

　　孔子是中国古代伟大的思想家、教育家，儒家学派的创始人。他的教育思想影响深远，其中"诲人不倦"更是其教书育人的精神写照。

　　在《论语·述而》中，孔子说："学而不厌，诲人不倦。"这句话表达了他对教育的热爱和执着。"学而不厌"是指孔子对待学习的态度，他热爱学习，永不满足，始终保持谦逊好学的心态；"诲人不倦"则是指他对教学充满热情，他诲人以道，无论学生多么愚钝，他都会耐心教导，从不厌倦。

　　孔子一生致力于教育，他广收门徒，不分贫富贵贱，倡导因材施教，注重品德教育，提倡实践与理论相结合。他常常与弟子们探讨学问，不厌其烦地解答他们的疑惑，这种无私奉献的精神，正是"诲人不倦"的最好诠释。

　　"诲人不倦"这个成语，不仅是对孔子教育精神的赞美，也是对所有辛勤的教育工作者的崇高赞誉。

投笔从戎

 **接龙天地**

投笔从戎 ☞ 戎首元凶 ☞ 凶喘肤汗 ☞ 汗流浃踵 ☞

踵武相接 ☞ 接耳交头 ☞ 头会箕敛 ☞ 敛声屏息 ☞

息交绝游 ☞ 游手偷闲 ☞ 闲不容缓 ☞ 缓带轻裘

教你识字

róng	chuǎn	jiā	zhǒng	jī	liǎn	píng	qiú
戎	喘	浃	踵	箕	敛	屏	裘

深知其意

投，丢掉，扔掉。戎，军队。投笔从戎，扔掉笔去从军。指文人将自己手里的笔扔掉，然后去参军，也就是指文人放弃了读书去从军。

趣学趣用

在战争年代，多少爱国学生投笔从戎，为了民族解放而走上了战场。

实践出真知

下面 6 个词语，有的是"投笔从戎"的近义词，有的是它的反义词，先填空，再分别挑出来。

弃文就（　）　　　卖（　）买牛　　　弃笔从（　）

弃（　）竞武　　　解（　）归田　　　弃武竞（　）

故事大讲堂

东汉著名的将领班超年轻时，家境贫寒，为了生活，他以抄写为业。然而，尽管他每天进行着抄写工作，但是他的心中却充满了壮志豪情。

有一次，他在抄写书籍时，深感自己的才华不应只局限于笔墨之间，于是他愤怒地扔掉了手中的毛笔，毅然决定投身军旅，为国家效力，这就是"投笔从戎"的由来。公元 73 年，班超被大将军窦固任命为假司马，率军出征西域，他的英勇智谋在多次战役中展现无遗，他为汉朝的边疆稳定做出了重大贡献。

"投笔从戎"这个成语，寓意着放弃文职，投身军事事业或奔赴前线，表达了一种强烈的爱国情怀和建功立业的决心。它赞扬了班超那种不甘平凡、勇于追求理想的精神，也鼓励人们勇往直前，为国效力。

义无反顾

接龙天地

义无反顾 👉 顾全大局 👉 局骗拐带 👉 带砺河山 👉

山枯石死 👉 死去活来 👉 来去无踪 👉 踪迹诡秘 👉

秘而不言 👉 言约旨远 👉 远交近攻 👉 攻心为上

教你识字

gù	piàn	guǎi	lì	guǐ	mì
顾	骗	拐	砺	诡	秘

深知其意

反顾，回头看。义无反顾，在道义上毫无退缩的理由，只能一往无前，不能犹豫回顾，指人受高度的正义感或责任心的驱使，只能前进不能退缩。

趣学趣用

只要认准了前进的目标，我们就该义无反顾，勇毅前行。

实践出真知

说说你对哪些成语感兴趣，动动手查资料，把它们记录下来吧。

故事大讲堂

　　司马相如是西汉时期著名的辞赋大家。有一次，汉武帝派人修蜀道，当时的监工在蜀地征用了大量民工，还杀了当地的部落首领，使当地骚乱不断。为此，司马相如被派往蜀地处理此事。

　　司马相如到了蜀地后，写了一篇文告，向百姓解释事由，安抚民心。他在文告中说："征集民工修建道路是利国利民的好事，但派来的使者办事不力，惊扰了百姓，这是皇帝不希望发生的事。我们应该为建设国家出力，尽到一个子民的责任，就像士兵打仗一样，哪怕迎着刀刃和利箭，也不能有所顾虑，更不能转身逃跑……"

　　司马相如措辞诚恳，有理有据，百姓们看后也深感有理，又积极投身于工程中了。

　　"义无反顾"指毫不犹豫地投身某项事业或活动中，决不后退。故事中司马相如也用此成语来激励民工们，最终解决了问题。这一成语也启示我们，当下定决心做某事时，要勇于担当，一往无前。

胆小如鼠

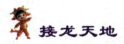 接龙天地

胆小如鼠 👉 鼠目寸光 👉 光阴如电 👉 电光石火 👉

火冒三丈 👉 丈二金刚 👉 刚正不阿 👉 阿斗太子 👉

子孙后代 👉 代马依风 👉 风车云马 👉 马放南山

✏️ 教你识字

dǎn	shǔ	yīn	mào	ē	ā
胆	鼠	阴	冒	阿	阿

✏️ 深知其意

胆小如鼠，胆子小得像老鼠一般，形容人胆小怕事。

✏️ 趣学趣用

就你这胆小如鼠的性格，估计是做不成大事了。

实践出真知

先填空，然后根据词语意思把下列词语排成两队，你认为该怎样划分？找出与"胆小如鼠"意思相反的褒义词。

畏首畏（　　）　　谨小慎（　　）　　小心翼（　　）

胆大包（　　）　　胆大（　　）为　　大智大（　　）

胆大如（　　）　　（　　）天大胆

故事大讲堂

　　北魏时期，有一个十分胆小的刺史，名叫元庆和。有一次，梁国率军攻城，部下前来报告。一听梁国的军队已到城下，元庆和差点从椅子上摔下来。最后，他选择了投降。梁武帝见不费一兵一卒就拿下了城池，便封元庆和为魏王。

　　不久，元庆和被梁武帝派去带兵北伐，因为敌人太强大，元庆和慌忙下令退兵逃跑了。梁武帝得知消息后，大骂元庆和胆小如鼠。

　　"胆小如鼠"这个成语，常用来讽刺那些在关键时刻因恐惧而失去勇气的人。元庆和的行为，形象生动地诠释了这一成语的含义。这个成语故事也警示我们，无论是作为决策者，还是执行者，都应当具备勇于承担责任和迎接挑战的勇气。

举棋不定

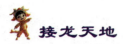 **接龙天地**

举棋不定 ☞ 定国安邦 ☞ 邦家之光 ☞ 光辉灿烂 ☞

烂若披锦 ☞ 锦囊玉轴 ☞ 轴轳千里 ☞ 里谈巷议 ☞

议论风发 ☞ 发威动怒 ☞ 怒火冲天 ☞ 天堂地狱

教你识字

qí	bāng	jǐn	náng	zhóu	lú
棋	邦	锦	囊	轴	轳

深知其意

举,拿起,拿着。举棋不定,拿着棋子不知怎么下子。比喻做事犹豫不决,拿不定主意。

趣学趣用

做事情到了关键时刻,千万不要举棋不定,否则必然会贻误良机。

 实践出真知

说说你对哪些成语感兴趣,动动手查资料,把它们记录下来吧。

故事大讲堂

　　春秋时期，卫献公因为太残暴而遭到臣子们联合驱逐，其中一位驱逐者是宁惠子。在临死前，宁惠子认为驱逐国君很不好，便吩咐儿子宁悼子一定要将卫献公接回来。

　　当时，很多大臣都不同意这个决定，认为卫献公本性难改，仍然会十分残暴。有一位大臣劝告宁悼子，做事情应前后一致，宁家不应将国君驱逐后，又接他回来。宁悼子不听劝告，迎回了卫献公。但卫献公回国后就下令杀死了宁悼子。

　　"举棋不定"这一成语便来自这个故事。它原指下棋时犹豫不决，不知道该下在哪里，后来多用来比喻人在关键时刻缺乏决断力。这个成语故事告诫我们，在处理重要事情时要果断决策，避免因此错失良机或招致祸患。

栩栩如生

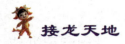 **接龙天地**

栩栩如生 👉 生擒活捉 👉 捉虎擒蛟 👉 蛟龙得水 👉

水流花落 👉 落叶知秋 👉 秋高气肃 👉 肃然危坐 👉

坐如春风 👉 风恬月朗 👉 朗目疏眉 👉 眉语目笑

教你识字

xǔ	qín	jiāo	sù	tián
栩	擒	蛟	肃	恬

深知其意

栩栩，生动活泼。栩栩如生，形容艺术形象生动逼真，如同活的一样。

趣学趣用

他的画作，技艺精湛，栩栩如生，参观者无不称赞。

实践出真知

下列词语都是"栩栩如生"的近义词，虽说都是近义词，但有一个词的语义与其他词差别较大，请把它挑出来。

呼之欲出　　活龙活现　　维妙维肖　　绘影绘声　　生龙活虎

有声有色　　宛在目前　　绘声绘色　　跃然纸上

故事大讲堂

战国时期的哲学家庄子，有一天做了一个梦，梦到自己变成了一只蝴蝶，飞舞在花丛中，自由自在，快乐无比。他忘记了自己是庄周，完全沉浸在蝴蝶的世界里。突然，他醒了过来，发现自己还是庄周，躺在床上。他疑惑了：刚才到底是我在梦中变成了蝴蝶，还是蝴蝶在梦中变成了我？我究竟是庄周，还是蝴蝶？

庄子通过这个梦境，提出了关于"物我两忘""生命形态变换"的哲学思考。梦中他化作的那只蝴蝶翩然自适，快活得意。这就是"栩栩如生"这一成语的由来。

这个故事不仅展示了庄子的哲学思想，也体现了中国古代文人对生活、对自然的深刻理解和艺术表现力，提醒我们在欣赏艺术或生活时，要有深入观察和感受的能力，才能真正体验到"栩栩如生"的深刻含义。

光辉夺目

接龙天地

光辉夺目 👉 目送手挥 👉 挥麈雍容 👉 容头过身 👉

身死名辱 👉 辱国殄民 👉 民心不壹 👉 壹败涂地 👉

地上天官 👉 官法如炉 👉 炉火纯青 👉 青春难再

教你识字

huī	zhǔ	yōng	rǔ	tiǎn	yī
辉	麈	雍	辱	殄	壹

深知其意

　　夺目，耀眼。光辉夺目，形容光彩极为鲜明，令人眼花缭乱。也用来形容某些艺术作品和艺术形象的极高成就。

趣学趣用

　　这颗上等钻石光辉夺目，耀人眼球，吸引了所有参观者的目光。

实践出真知

　　说说你对哪些成语感兴趣，动动手查资料，把它们记录下来吧。

故事大讲堂

　　石崇和王恺都是西晋人，石崇是官员也是富商，而王恺则是皇族。当时的社会风气奢靡，尤其是上层社会，竞相攀比财富和奢华。两人就是在这样的社会背景下，开始斗富。

　　晋武帝赐给王恺一株珊瑚树后，两人的斗富进入高潮。石崇打碎了这株珊瑚，展示了十几株更为光辉夺目的珊瑚，让王恺相形见绌。然而，这并非真正意义上的光辉，他们的炫富行为在百姓眼中却显得刺眼，犹如过于强烈的阳光，让人无法直视。

　　这个故事虽没有赋予"光辉夺目"一个正面的寓意，但却形象地展示了这个成语的含义。真正的光辉，不在于物质的炫耀，而在于内心的智慧和德行，以及对社会的贡献。石崇与王恺的斗富，虽然"光辉夺目"，却未能赢得人们的敬仰，反而暴露了时代的贪婪与腐朽，成为了历史的一面镜子。

鱼贯而入

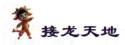 **接龙天地**

鱼贯而入 👉 入吾彀中 👉 中馈之思 👉 思如涌泉 👉

泉石之乐 👉 乐不可支 👉 支吾其词 👉 词穷理尽 👉

尽心而已 👉 已陈刍狗 👉 狗胆包天 👉 天寒地冻

教你识字

guàn	gòu	kuì	yǒng	chú
贯	彀	馈	涌	刍

深知其意

　　贯，连贯。鱼贯而入，像游鱼那样一个接一个首尾连贯地依次进入，比喻有秩序地相继而进。

趣学趣用

　　只见一队保安鱼贯而入，来到了会场，维护演唱会现场秩序。

实践出真知

　　下面两个词语是"鱼贯而入"的反义词，先进行填空，然后看看你还能找出几个关于"鱼贯而入"的反义词？

　　　　一（　）而入　　破门而（　）

故事大讲堂

　　三国时期，魏国派邓艾等率领军人攻打蜀汉。当时，钟会所率军队在剑阁被蜀军阻截，无法前进，面对这一困境，邓艾提出一个大胆的计策。他命士兵裹住毛毯，以防止滑落，然后自己率先攀岩而下，让士兵们紧随其后，如同鱼群依次通过狭窄的溪流一样通过，这就是"鱼贯而入"的由来。

　　邓艾的军队就这样巧妙地绕过了剑阁，突袭到了江由。蜀军守将毫无防备，只能束手就擒，邓艾的这一战略，不仅体现了他的智勇，也展示了"鱼贯而入"这个成语所蕴含的战术智慧，即在困境中寻找并利用每一个可能的机会，以最小的代价达到最大的效果。

　　"鱼贯而入"这个成语至今仍被广泛引用，成为描述人或事物有序地进入某一环境或状态的常用词汇。它还启示我们在面对困难时，要善于发现并利用一切可能，以灵活的策略解决问题。

能说会道

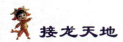
接龙天地

能说会道 👉 道听耳食 👉 食少事繁 👉 繁刑重敛 👉

敛锷韬光 👉 光阴如箭 👉 箭穿雁嘴 👉 嘴清舌白 👉

白虹贯日 👉 日征月迈 👉 迈古超今 👉 今夕何夕

教你识字

fán	xíng	liǎn	è	tāo	jiàn	yàn	hóng
繁	刑	敛	锷	韬	箭	雁	虹

深知其意

道，说、讲。能说会道，形容口齿伶俐，善于言辞，很会说话。

趣学趣用

晓丽能说会道，善于言辞与交际，不愧是销售高手。

实践出真知

说说你对哪些成语感兴趣，动动手查资料，把它们记录下来吧。

故事大讲堂

战国时期，有一位名叫苏秦的读书人，以"能说会道"著称于世。苏秦初出茅庐时，虽满腹经纶，却因口才不佳，多次求职无门，备受冷落。但他并未因此气馁，反而更加刻苦地钻研辩论之术，日夜苦读，磨砺口才。他深信，只有"能说会道"，才能在乱世之中立足。

经过数年的努力，苏秦的口才大有长进，他开始游说各国君主，用雄辩的口才和周密的策略，打动了燕国国王，被任命为相国。他提出"合纵"之策，力劝六国联合对抗强大的秦国，一时之间，声名鹊起，权倾朝野。

然而，苏秦深知"能说会道"并非只是舌灿莲花，更重要的是要有真才实学和策略。他用智慧和口才，使弱小的燕国在强敌环伺的环境中得以生存，展现了"能说会道"的真正力量。

这个故事告诉我们，"能说会道"不仅仅是语言的艺术，更是一种智慧和能力的体现。它能帮助我们解决生活中的问题，影响他人，甚至改变世界。

光明磊落

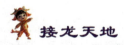 **接龙天地**

光明磊落 ☞ 落纸烟云 ☞ 云净天空 ☞ 空言虚语 ☞

语长心重 ☞ 重气轻身 ☞ 身无立锥 ☞ 锥出囊中 ☞

中正无私 ☞ 私谐欢好 ☞ 好骑者堕 ☞ 堕坑落堑

教你识字

lěi	xū	zhuī	náng	xié	qí	jì	duò	qiàn
磊	虚	锥	囊	谐	骑	骑	堕	堑

深知其意

　　磊落，错落分明，引申指人洒脱不拘，直率开朗。光明磊落，指心地光明正大，胸怀坦白。

趣学趣用

　　我们要做正人君子，做事就必须要光明磊落，坦坦荡荡。

　　先填空，再把下列词语分成两部分，想想划分标准是什么。

实践出真知

（　）然之气　　居心（　）测　　大公无（　）　　鬼鬼祟（　）

胸无（　）府　　蝇营狗（　）　　冰清玉（　）　　上下（　）手

故事大讲堂

　　宋朝的大臣包拯，人称"包青天"。他以公正廉明，铁面无私著称，他一生致力于打击贪污腐败，维护法律的公正。他处理案件一向是一视同仁，绝不偏袒。即便是他的亲侄子犯了法，包拯也毫不犹豫地将其绳之以法，这种大公无私的行为赢得了百姓的敬仰。

　　包拯在任开封府尹期间，面对皇亲国戚违法乱纪，他毫不畏惧，敢于揭露他们的罪行，即使面对来自皇上的压力，也坚决不退缩。他的行为，让那些心怀鬼胎的人无所遁形，也让那些试图通过权势掩盖罪行的人心生敬畏。

　　一次，一位官员因为贪污被包拯查处，他试图贿赂包拯以求脱罪。然而，包拯严词拒绝，并告诫他："我包拯一生光明磊落，绝不会为了一己私利而违背公正。"此言一出，那位官员羞愧不已，最终认罪伏法。

　　"光明磊落"不仅是对一个人的品质的赞美，也是对公正无私精神的颂扬。

锲而不舍

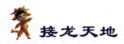

接龙天地

锲而不舍 👉 舍生取义 👉 义不容隐 👉 隐鳞戢羽 👉

羽扇纶巾 👉 巾帼英雄 👉 雄鸡夜鸣 👉 鸣冤叫屈 👉

屈艳班香 👉 香培玉琢 👉 琢玉成器 👉 器满意得

教你识字

qiè	yǐn	lín	jí	guān	míng	yuān	zhuó
锲	隐	鳞	戢	纶	鸣	冤	琢

深知其意

　　锲，雕刻。舍，停止。锲而不舍，不停地雕刻，比喻做事或学习有恒心有毅力。

趣学趣用

　　他在古稀之年还能这样锲而不舍地学习，其钻研精神真是可嘉。

实践出真知

　　说说你对哪些成语感兴趣，动动手查资料，把它们记录下来吧。

故事大讲堂

　　鲁班是一位技艺高超的木工，有一天，他接到一项任务，需要砍伐大量的树木。然而，当时只有斧头这种工具，效率极低。鲁班看着手里的斧头，心中萌生了一个想法：是不是可以有一种工具，能提高工作效率呢？于是，他开始尝试各种方法，用石头、骨头、竹片等材料制作工具，但效果都不理想。他不气馁，日复一日，年复一年，不断地试验、改进。

　　一天，鲁班在山上工作时，不小心抓到了一片带齿的草叶，手指顿时流血。他看着这片草叶，突然灵光一闪，想到了一个好主意。他模仿草叶的形状，打造了一把带有细齿的工具，经过反复试验，终于成功发明了锯子，大大提高了工作效率。

　　"锲而不舍"的故事，告诉我们只要有坚定的决心和毅力，不怕困难，不畏挫折，就一定能实现目标。

足智多谋

 **接龙天地**

足智多谋 👉 谋虚逐妄 👉 妄自尊崇 👉 崇德报功 👉

功名利禄 👉 禄无常家 👉 家大口阔 👉 阔步高谈 👉

谈笑封侯 👉 侯门如海 👉 海枯见底 👉 底里深情

教你识字

zhì	zhú	wàng	chóng	lù
智	逐	妄	崇	禄

深知其意

　　足，足够，多。智，智慧。谋，计谋。足智多谋，有足够的智慧和极多的计谋，形容人极有才智，善于谋划。

趣学趣用

　　大家都知道，诸葛亮足智多谋，在历史上享有盛誉。

实践出真知

　　观察下列词语，看这些词语都是在说人的什么方面，再把这些词语划分为两部分，看看划分的标准是什么。

智谋过人　　大智若愚　　诡计多端　　老奸巨滑　　神机妙算

运筹帷幄　　老谋深算　　深谋远虑

故事大讲堂

　　韩信是汉朝开国功臣之一，以其智勇双全和卓越的军事才能著称。在楚汉争霸的历史阶段，韩信展现了他的足智多谋。

　　刘邦被项羽封为汉王后，仍计划着夺取天下。为此，韩信提出了"明修栈道，暗度陈仓"的策略。他让刘邦表面上修复通往关中的栈道，以迷惑敌人，使他们认为刘邦要等工程完成后才有所行动。而实际上，韩信却秘密率领大军占领了陈仓，为之后直扑关中，重返咸阳奠定了基础。

　　这一计谋的实施，充分体现了韩信的智谋和胆识。他的计策不仅成功地扭转了战局，也为刘邦建立汉朝奠定了基础。因此，这个成语被用来形容像韩信这样智慧过人、善于谋划的人。这个故事告诉我们，面对困难，不仅需要勇气，更需要智慧和策略。只有灵活运用智谋，才能扭转局面，走向成功。

融会贯通

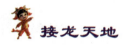 **接龙天地**

融会贯通 👉 通风报信 👉 信步漫游 👉 游刃有余 👉

余韵流风 👉 风尘仆仆 👉 仆仆风尘 👉 尘外孤标 👉

标情夺趣 👉 趣舍有时 👉 时清海宴 👉 宴安鸩毒

✏ **教你识字**

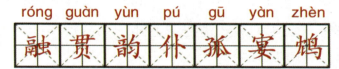

róng	guàn	yùn	pú	gū	yàn	zhèn
融	贯	韵	仆	孤	宴	鸩

✏ **深知其意**

　　融会，融合。贯通，贯穿前后。融会贯通，把各方面的知识、道理融合贯穿起来，从而得到系统、透彻的理解。

✏ **趣学趣用**

　　我们要边学习边实践，把学会的知识融入贯通到生活实践中去。

 实践出真知

　　说说你对哪些成语感兴趣，动动手查资料，把它们记录下来吧。

故事大讲堂

　　王阳明是明朝时期著名的思想家、教育家,他主张"知行合一",他认为知识的学习和实践是不可分割的,只有将对知识的真正理解融入生活中,才能发挥其价值。一次,他的学生向他请教儒家经典《大学》中的一段话:"致知在格物。"学生对"格物致知"的意思感到困惑,不知道如何将理论与实际生活相结合。

　　王阳明便以射箭为例进行讲解。他说,学习射箭,不仅要知道如何握弓、搭箭,更要通过不断的练习,使这些知识和技巧在心中形成一种直觉,这就是"格物"。然后,当你面对目标时,能自然而然地射中,这就是"致知"。只有将理论知识与实践操作融会贯通,才能达到"知行合一"。

　　这个故事中的"融会贯通"就是指将各种知识、道理相互融合,透彻理解,使其能够在实际生活中得到应用。

才华横溢

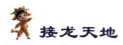 **接龙天地**

才华横溢 👉 溢言虚美 👉 美玉无瑕 👉 瑕瑜互见 👉

见机行事 👉 事危累卵 👉 卵覆鸟飞 👉 飞金走玉 👉

玉石相揉 👉 揉眵抹泪 👉 泪下如雨 👉 雨零星乱

✏️ **教你识字**

yì	xiá	yú	lěi	luǎn	fù	róu	chī
溢	瑕	瑜	累	卵	覆	揉	眵

✏️ **深知其意**

　　横溢，充分显露。才华横溢，才华充分显露出来。多指在文学艺术方面而言，很有才华。

✏️ **趣学趣用**

　　画家村里人才济济，有很多才华横溢的画家。

　　先填空。这些词语中，有一个不是"才华横溢"的近义词，但也与其有相近之处，把这个词找出来，看看它与"才华横溢"的区别到底在哪里。

实践出真知

锋（　）毕露　　才华（　）世　　才高（　）斗　　才华（　）众

故事大讲堂

　　"才华横溢"这个成语被用来形容一个人的才艺、智慧或技艺非常出色，如同洪水般奔涌而出，无法遮掩。

　　杜甫，字子美，是唐代伟大的现实主义诗人，其作品被誉为"诗史"。杜甫7岁学诗，15岁扬名，展现出过人的才华。 在唐朝开元盛世时期，杜甫参加过科举考试，希望以此实现自己的抱负。虽然他连续多次落第，但这并没有打击他的信心。他继续潜心创作，用诗歌描绘时代风貌，反映人民疾苦。他的诗作如《春望》《茅屋为秋风所破歌》等，语言质朴，情感深沉，充满了对社会的洞察和对人民的同情。

　　尽管科举之路坎坷，但杜甫的才华并未因此被埋没。他的作品在民间广为流传，甚至得到了诗仙李白的高度评价。杜甫的才华如同江河泛滥，无法被任何困境所束缚，最终他被世人所铭记，被誉为"诗圣"。

　　杜甫的故事就是"才华横溢"的最好例证，即使在逆境中，真正的才华也能闪耀出耀眼的光芒。

胆战心惊

接龙天地

胆**战**心惊 👉 **惊**蛇入草 👉 **草**木俱朽 👉 **朽**株枯木 👉

木梗之患 👉 **患**得患失 👉 **失**之交臂 👉 **臂**有四肘 👉

肘行膝步 👉 **步**履如飞 👉 **飞**书走檄 👉 **檄**愈头风

教你识字

xiǔ	gěng	zhǒu	lǚ	xí	yù
朽	梗	肘	履	檄	愈

深知其意

战，通"颤"，发抖。胆战心惊，形容十分害怕的样子。

趣学趣用

黑恶势力为非作歹，其造成的恐怖场面经常让人胆战心惊。

实践出真知

说说你对哪些成语感兴趣，动动手查资料，把它们记录下来吧。

_____

_____

_____

_____

· 97 ·

故事大讲堂

　　三国时期，刘备取得益州之后，并未将荆州归还给东吴。孙权命人多次讨要，皆被关羽赶走。东吴为了夺回荆州，设计邀请关羽赴宴，意图加害他。

　　关羽接到请谏后，决定单刀赴会，仅带少数亲信前往。在宴会上，面对东吴的重重围困和步步紧逼，关羽镇定自若，谈笑风生，展现出超凡的胆识。酒至半醉，关羽一手提刀一手挽着鲁肃向账外走去。他的气势震慑了在场的所有人，埋伏的东吴士兵们看到关羽如此英勇，心中都不禁"胆战心惊"。原以为可以利用此机会除去关羽，但看到关羽如此勇猛，他们知道自己的计谋已经落空，而且陷入了深深的恐惧之中。关羽的这一举动不仅成功地化解了危机，也彰显了他的英勇形象，让吴军上下对关羽更加敬畏。

　　这个故事充分体现了关羽的英勇和智谋，同时也生动地诠释了吴军的"胆战心惊"，即在面对强大的对手或危险情况时，人们内心往往会产生极度的恐惧和不安。这个成语至今仍被广泛用于描述人在面对威胁或危险时的心理状态。

喜出望外

接龙天地

喜出望外 👉 **外圆内方** 👉 **方外之国** 👉 **国计民生** 👉

生死关头 👉 **头疼脑热** 👉 **热心苦口** 👉 **口蜜腹剑** 👉

剑戟森森 👉 **森罗万象** 👉 **象齿焚身** 👉 **身远心近**

教你识字

mì	fù	jiàn	jǐ	fén
蜜	腹	剑	戟	焚

深知其意

喜,快乐,高兴。望,盼望。喜出望外,出乎意料地高兴和快乐,形容因遇到了意料之外的好事,而感到特别的高兴。

趣学趣用

在这陌生的城市,突然遇到了大学同学,真是令我喜出望外。

对下列词语进行分类,看看可以本着什么标准进行划分。

实践出真知

喜从天降	喜不自胜	喜极而泣	叫苦不迭	乐不可支
不堪回首	悲从中来	大失所望	忧心如焚	欣喜若狂

故事大讲堂

　　苏轼与李之仪，是北宋时期著名的文人，两人有着深厚的友谊。苏轼才情出众，但仕途坎坷，李之仪一直关心并支持他。

　　李之仪为苏轼屡遭贬谪而愤愤不平，苏轼被贬到黄州后，两人经常互通书信。两人都擅长诗词写作，常常通过诗词来表达对彼此的思念和赞赏。苏轼知定州时，李之仪为其幕僚，两人之间的友谊更加深厚。

　　公元1094年，苏轼南迁，与李之仪作别，此后两人便多年未见。苏轼暮年时，体弱多病，历尽磨难，许多好友相继离世，心中不免感到凄凉，但在收到李之仪的书信时仍会感到安慰。在一封回李之仪的书信中，苏轼写道："阔别八年，哪里敢说还有再见面的一天，渐渐接近中原了，书信更多，出乎意料地高兴。"

　　这就是"喜出望外"这一成语的由来，这个故事充分展示了苏轼在逆境中对友情的珍视。他以这个成语表达了自己的惊喜和欣慰，同时也展现了古代文人间的深情厚谊。

滔滔不绝

接龙天地

滔滔不绝 👉 绝长继短 👉 短寿促命 👉 命薄相穷 👉

穷追猛打 👉 打草蛇惊 👉 惊起梁尘 👉 尘羹涂饭 👉

饭坑酒囊 👉 囊橐充盈 👉 盈盈一水 👉 水光山色

教你识字

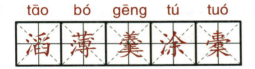

tāo	bó	gēng	tú	tuó
滔	薄	羹	涂	橐

深知其意

滔滔，流水滚滚的样子，毫不间断。绝，断绝。滔滔不绝，形容话多，说起来连续不断，没完没了。

趣学趣用

他对明史很有研究，探讨会上，他讲起话来真是滔滔不绝。

实践出真知

说说你对哪些成语感兴趣，动动手查资料，把它们记录下来吧。

101

故事大讲堂

张九龄，唐朝著名的文人，以其博学多才、口才卓越著称。

唐朝开元年间，张九龄担任宰相，他公正无私、敢于直言，受到朝野敬重。有一次，唐玄宗召集群臣讨论国家大事，议题复杂且争议颇大。许多大臣因为畏惧皇威，或者顾虑重重，发言皆支支吾吾，不能明确地表达观点。

此时，张九龄站了出来，他面对皇上的询问，从容不迫，思路清晰，言语流畅，如同江河之水，滔滔不绝。他深入浅出地分析问题，条理分明地提出解决方案，使在场所有人都为之倾倒。他的言辞犀利却又不失礼貌，既阐明了问题的本质，又照顾到了皇上的尊严，让唐玄宗大为赞赏。唐玄宗对张九龄的口才赞不绝口，说他说话如江河之水，滔滔不绝，无尽无休，从此，"滔滔不绝"便成为形容言辞连贯、口才出众的成语。

这个故事不仅展现了张九龄的卓越口才，也体现了他作为一个贤明宰相的智慧和胆识，他的形象因此更加鲜明。"滔滔不绝"这一成语故事也告诉我们要敢于表达自己的观点，勇于担当和不断学习。

出口成章

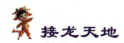
接龙天地

出口成**章** 👉 **章**句小**儒** 👉 **儒**家经**书** 👉 **书**香人**家** 👉

家大口**阔** 👉 **阔**论高**谈** 👉 **谈**虎色**变** 👉 **变**化如**神** 👉

神醉心**往** 👉 **往**古来**今** 👉 **今**非昔**比** 👉 **比**目连枝

教你识字

rú	kuò	zuì
儒	阔	醉

深知其意

　　章，篇章。出口成章，说话像做文章那样有板有眼，形容口才好，文思敏捷，学问渊博。

趣学趣用

　　李校长学问高深，每次开会讲话都是引经据典，出口成章。

实践出真知

　　"唾地成文""语无伦次"从语义上讲，分别是"出口成章"的近义词和反义词，看看你还能举出多少个"出口成章"的近义词和反义词。

_____

_____

_____

故事大讲堂

　　解缙，明朝初期的杰出文人，以才思敏捷、出口成章而闻名。

　　解缙在朝中任职时，曾多次得到皇帝的赏识。有一次，皇帝想考验解缙的应变能力和才情，便问："你知道昨夜宫中的那件喜事吗？"解缙误以为皇后生了皇子，便道："君王昨夜降金龙。"然而，皇帝却告知皇后生的是女孩。解缙随即改口："化作嫦娥下九重。"当皇帝进一步说孩子已夭折时，解缙又道："料是人间留不住，翻身跳入水晶宫。"这一连串的应对不仅机智，而且充满诗意，让皇帝也不由得对他赞不绝口，夸赞他出口成章。

　　"出口成章"形容人才思敏捷，能迅速组织语言，一开口就能说出精彩篇章。上文的故事不仅体现了解缙的卓越才华，也展示了朝廷对人才的重视，以及对知识和智慧的尊重。

相貌堂堂

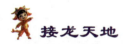

接龙天地

相貌堂堂 ☞ 堂堂一表 ☞ 表里相济 ☞ 济困扶危 ☞

危言耸听 ☞ 听命由天 ☞ 天真烂漫 ☞ 漫藏诲盗 ☞

盗嫂受金 ☞ 金浆玉醴 ☞ 醴酒不设 ☞ 设言托意

✏️ 教你识字 —— —

jì	sǒng	làn	màn	cáng	huì	dào	jiāng	lǐ
济	耸	烂	漫	藏	诲	盗	浆	醴

✏️ 深知其意 —— —

　　相貌，容貌。堂堂，形容强大有气势，也形容人容貌出众。相貌堂堂，形容人长相端正，身材魁梧。

✏️ 趣学趣用 —— —

　　军演方阵中的战士们各个都是相貌堂堂，英姿飒爽。

实践出真知

说说你对哪些成语感兴趣，动动手查资料，把它们记录下来吧。

_____

_____

_____

故事大讲堂

在名著《西游记》中，作者用"相貌堂堂"来形容唐僧的外貌，意指他外表庄严，举止大方，给人以威严而尊贵的印象。

《西游记》中，唐僧原为金蝉子，是如来佛祖的二弟子，因犯错被贬下凡间，转世为江流，后取法名为玄奘，又被称为唐三藏。在取经路上，唐三藏虽然没有孙悟空、猪八戒和沙僧那样的神通广大，但他品行端正，慈悲为怀，深受人们的敬仰。他的形象被描述为"相貌堂堂丰姿英俊"，这便是"相貌堂堂"的出处。

这个成语后来被广泛使用，形容人的外貌威严，气质出众，不仅指人的面部五官端正，更强调的是其内在的修养和风度。它提醒我们，真正的美不仅仅在于外表，更在于内在的品质和修养，这也是唐僧这个角色所传递的精神价值。

不屈不挠

 **接龙天地**

不屈不挠 👉 挠曲枉直 👉 直扑无华 👉 华而不实 👉

实旷来远 👉 远求骐骥 👉 骥服盐车 👉 车载斗量 👉

量力度德 👉 德輶如毛 👉 毛发丝粟 👉 粟陈贯朽

✏ **教你识字**

náo	wǎng	kuàng	qí	jì	yóu	sù
挠	枉	旷	骐	骥	輶	粟

✏ **深知其意**

屈、挠，弯曲，比喻屈服。不屈不挠，指在困难或恶势力前不屈服、不低头，表现得十分顽强。

✏ **趣学趣用**

无论面对何种逆境，我们都要有一种不屈不挠的精神，绝不向困难低头。

实践出真知

先填空，两个词语都是"不屈不挠"的反义词，再找出几个"不屈不挠"的近义词，并认真体会各词意义的不同之处。

卑（　）屈膝　　奴（　）婢膝

故事大讲堂

西汉时期的王商，曾任丞相，以刚正不阿、不屈不挠的性格而闻名。"不屈不挠"这个成语，正是对他坚毅品质的生动写照。

公元前 30 年的秋天，京城长安城中忽然有传言说要发大水了，长安城即将被水吞没。消息传到宫中后，汉成帝立即召集文武百官到宫中议事，商量对策。大臣们都提议赶紧撤离，然而，只有丞相王商坚决反对这一提议。他经过认真思考和调查后认为，大水不可能突然而来，这一定是谣传。他劝告汉成帝不必撤离，因为这样做只会使人心更加慌乱。

面对群臣的质疑和压力，王商不屈不挠，坚持自己的想法。果然，过了很多天，城里也没见大水来，谣言不攻自破。

此故事中，王商在困境中坚持真理，不畏强权，不向困难低头的品质，正是成语"不屈不挠"的最好诠释。王商的故事，不仅展示了他作为丞相的忠诚与勇敢，也成为后世人们学习的典范，激励着人们在面对压力和挑战时，要坚守信念，不屈不挠。

落落大方

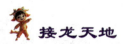
接龙天地

落落大方 👉 方凿圆枘 👉 枘凿方圆 👉 圆首方足 👉

足音空谷 👉 谷马砺兵 👉 兵行诡道 👉 道不相谋 👉

谋事在人 👉 人强马壮 👉 壮气凌云 👉 云娇雨怯

教你识字

záo	ruì	lì	guǐ	líng	jiāo	qiè
凿	枘	砺	诡	凌	娇	怯

深知其意

　　落落，坦率、开朗的样子。落落大方，形容言谈举止自然大方，不拘谨。

趣学趣用

　　小丽在实习期间的表现可谓沉着冷静，落落大方，指导老师也非常喜欢这样的学生。

实践出真知

说说你对哪些成语感兴趣，动动手查资料，把它们记录下来吧。

故事大讲堂

　　何玉凤，人称十三妹，是长篇小说《儿女英雄传》中的人物。她独特的性格和行为方式，充分展现了"落落大方"这一成语的内涵。

　　十三妹是一位智勇双全、个性独立的女子，作者对她的塑造不拘泥于传统女性的柔弱形象，她行事果断，言语直率，无论是面对困难，还是处理人际关系，都表现出一种大度和豁达。与人交往时，无论是对待朋友还是敌人，她都落落大方，毫无矫饰，展现出了女性少有的豪迈气质。

　　有一次，十三妹在危急关头救下了陷入险境的安骥，两人结为义兄妹。在与安骥的交往中，她的行为举止既不失女子的柔情，又具男子般的豪气，她的坦荡和大气赢得了周围人的敬仰。

　　"落落大方"这个成语，就是形容像十三妹这样的人，他们的行为举止自然而不做作，待人接物落落大方，展现出一种开阔的胸怀和高尚的品格。这个故事告诉我们，无论何时何地，我们都要保持真诚和自然，以大方的态度面对生活。

喜笑颜开

接龙天地

喜笑颜开 👉 开科取士 👉 士穷见节 👉 节衣缩食 👉

食方于前 👉 前古未闻 👉 闻香下马 👉 马空冀北 👉

北门之叹 👉 叹老嗟卑 👉 卑鄙无耻 👉 耻居王后

教你识字

jiàn	suō	jì	jiē	bēi	bǐ	chǐ
见	缩	冀	嗟	卑	鄙	耻

深知其意

颜，脸色，颜面。开，舒展。喜笑颜开，形容心里高兴、满面笑容的样子。

趣学趣用

大家都沉浸在国庆节日的气氛里，人人喜笑颜开。

实践出真知

在括号中填上恰当的字。这些词语都是"喜笑颜开"的近义词，但是只有两个意思最接近，把它们找出来。

喜上（　）梢　　笑容可（　）　　笑逐（　）开

眉飞（　）舞　　欢天（　）地　　嘻（　）笑脸

故事大讲堂

我们可以通过一个故事来形象地理解“喜笑颜开”这个成语。

从前，有一个小村庄，村民们过着朴素而平静的生活。村子里有一位老人，他以种植菊花为生。他的菊花不仅颜色鲜艳，而且香气四溢，深受村民们的喜爱。然而，有一年，村庄遭受了严重的旱灾，连老人的菊花也枯萎了，他心痛不已。村里的人们看到老人的愁容，决定帮忙。

他们从远处引来水源，日夜不停地浇灌菊花。经过一段时间的努力，菊花终于重新焕发了生机，整个村子都被五彩斑斓的菊花装点得如诗如画。老人看到这一幕，他的脸上露出了久违的笑容，那种由衷的喜悦感染了每一个村民，大家也都喜笑颜开。

这个故事很好地诠释了“喜笑颜开”的内涵。它提醒我们，生活中的快乐往往源于简单的瞬间，一份努力后的收获，一个困境后的解脱，都能让人喜笑颜开。

平易近人

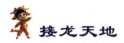

接龙天地

平易近人 👉 人各有志 👉 志士仁人 👉 人浮于事 👉

事无大小 👉 小枉大直 👉 直入公堂 👉 堂堂之阵 👉

阵马风樯 👉 樯倾楫摧 👉 摧眉折腰 👉 腰金骑鹤

教你识字

rén	fú	wǎng	jí	cuī	hè
仁	浮	枉	楫	摧	鹤

深知其意

平易，原指道路平坦宽广，后比喻人的态度平和。平易近人，比喻人的态度温和，对人和蔼可亲，没有架子，使人容易接近。也指文字浅显，容易理解。

趣学趣用

他不愧是人民的好公仆，有着崇高的品德，对百姓也是平易近人，和蔼可亲。

实践出真知

说说你对哪些成语感兴趣，动动手查资料，把它们记录下来吧。

故事大讲堂

在中国古代，有一位著名的谋略家和军事家，他就是姜子牙，也被尊称为姜太公。他在辅佐周武王推翻商朝统治，建立周朝的过程中，展现出了卓越的智慧和领导力。

在武王灭商之后，姜子牙被封为齐侯，前往齐国治理。到达齐国后，姜子牙并没有立即按照传统的繁琐礼节来治理国家，而是采取了简化的方式。他简化了君臣之间的礼节，不再过分拘泥于旧有的繁文缛节，而是更加注重实效和民心。

在简化君臣礼节的同时，姜子牙还尊重并继承了齐国的风俗习惯。他认为，只有平易近人，顺应民心，才能得到民众的拥护和支持，从而巩固国家的统治基础。他的这一做法不仅使齐国迅速稳定下来，还推动了经济的发展和社会的进步。

"平易近人"这个成语，意指一个人态度谦和，使人感到亲切，容易接近。这个故事也展示了姜子牙卓越的政治智慧，即真正的统治者应当放下架子，亲近民众，这样才能赢得人心，稳固政权。

乐此不疲

 **接龙天地**

乐此不疲 👉 疲于奔命 👉 命在旦夕 👉 夕阳西下 👉

下乔入幽 👉 幽人之风 👉 风雨同舟 👉 舟车楫马 👉

马革裹尸 👉 尸居龙见 👉 见势不妙 👉 妙不可言

✏️ **教你识字**

pí	yōu	jí	guǒ	xiàn	jiàn
疲	幽	楫	裹	见	见

✏️ **深知其意**

　　此，这。乐此不疲，因酷爱干某事而不感觉厌烦，形容人对某事特别爱好而沉浸其中。

✏️ **趣学趣用**

　　他最近沉迷于游戏中，常常是 乐此不疲。

　　根据词语解释，在括号中填上恰当的字。

实践出真知

　　（　　　）：形容心思不定，忽而想这，忽而想那，好像马跑猿跳，控制不住。

　　形容对某事十分酷爱而沉浸于其中。这个词是嗜此不（　　　）。

故事大讲堂

　　光武帝刘秀在位期间，以勤政爱民闻名，他不仅关心国家大事，对于学问和治国方略，也始终保持着高度的热情和专注。

　　刘秀登基后，面临着国家初建、百废待兴的局面。他以身作则，勤勉于朝政，几乎每日都亲自处理国家大事。除了日常的朝政处理外，刘秀还经常在深夜召集公卿、郎将等人，一起讲论治国方略和经书义理。对于学问的热爱和追求，使得他即使在深夜也乐此不疲。

　　有一次，皇太子见刘秀如此辛劳，担心他的身体，便劝他注意休息。然而，刘秀却笑着说："我自乐此，不为疲也。"这句话不仅表达了他对治理国家和研究学问的深厚兴趣和不懈追求，也体现了他乐观向上、不知疲倦的精神风貌。

　　刘秀的这种勤政为民的精神，使得东汉初期社会安定，经济繁荣，人民安居乐业，他的事迹也被后人传颂，"乐此不疲"这个成语也因此流传下来，用来形容一个人对某件事情非常热爱，即使劳累也不觉得疲倦。

冰清玉洁

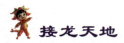 **接龙天地**

冰清玉洁 ☞ 洁身自守 ☞ 守正不移 ☞ 移东补西 ☞

西山饿夫 ☞ 夫子之墙 ☞ 墙头马上 ☞ 上交不谄 ☞

谄笑胁肩 ☞ 肩摩袂接 ☞ 接风洗尘 ☞ 尘外孤标

教你识字

jié	bǔ	è	chǎn	mó	mèi	gū
洁	补	饿	谄	摩	袂	孤

深知其意

清，干净，清澈。洁，洁白，纯洁。冰清玉洁，像冰那样清澈透明，像玉那样洁白无瑕，比喻人的操行清白高尚。

趣学趣用

她不仅人长得美，更有一颗冰清玉洁的心。

 实践出真知

说说你对哪些成语感兴趣，动动手查资料，把它们记录下来吧。

故事大讲堂

　　屈原是一位才情出众、忠贞爱国的文人，他的《离骚》表达了他对国家的深深忧虑和对人民的深切关怀。然而，他的忠诚和正直却引来小人和同僚的嫉妒，被陷害流放。尽管身处困境，他始终保持着不屈的精神，就如同冰一样清透，玉一般洁白。

　　在流放期间，屈原创作了《九歌》等名篇，表达了他的忧国忧民之情。他的诗歌充满了高尚的情感和深沉的哲理，更彰显了他那冰清玉洁的品格。最后，他在绝望中投江自尽，以生命捍卫了自己的清白和尊严，这是他对"冰清玉洁"的最好诠释。

　　屈原的形象正如冰一般纯净，他的内心世界深沉而清澈，不为世俗所污染。而他的品格又如玉一样，温润而坚硬，无论遭受多大的磨砺，都保持其原有的质地。他不为权势所动，不向恶势力低头，始终坚持自己的道德信念，这正是"冰清玉洁"的体现。

　　"冰清玉洁"这个成语，就是用来赞美那些无论在何种环境下都能保持清正廉洁，不为世俗所玷污的人，他们的品行如冰清透，如玉无瑕，永远闪耀着高洁的光芒。

得陇望蜀

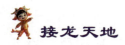 **接龙天地**

得陇望蜀 ☞ 蜀鄙之僧 ☞ 僧多粥少 ☞ 少安无躁 ☞

躁人之死 ☞ 死不足惜 ☞ 惜玉怜香 ☞ 香草美人 ☞

人心如面 ☞ 面授机宜 ☞ 宜嗔宜喜 ☞ 喜怒无常

教你识字

lǒng	shǔ	bǐ	sēng	zào	lián	chēn
陇	蜀	鄙	僧	躁	怜	嗔

深知其意

陇，古代地名，即今甘肃东部。蜀，古代地名，即今四川中西部。得陇望蜀，得到了陇地，又想占有蜀地。比喻人贪得无厌。

趣学趣用

做人不能太贪婪，得陇望蜀，而要学会为自己的欲念减负。

实践出真知

"得陇望蜀"是个贬义词，先填空下列词语，然后找出带有贬义色彩的词语。

知足常（　　）　　得（　　）进尺　　适可而（　　）

欲壑难（　　）　　贪得无（　　）

119

故事大讲堂

在西汉末年，社会动荡，各地起义频发。刘秀趁乱起兵，逐步统一了中国北方。当时，巴蜀地区（今四川一带）由公孙述割据，隗嚣则称霸陇西，势力强大。刘秀深知陇西的战略重要性，于是亲自率军前往平定。

刘秀大军经过一系列艰苦的战斗，最终成功攻克陇西。然而，刘秀并未满足，他立即下旨给自己的得力大将岑彭，希望他能继续挥师南下，攻取蜀地（今四川地区），实现对整个西南地区的控制。

岑彭接到命令后，虽然面临重重困难，但他并未抱怨，而是坚决执行，向蜀地进发。公元36年，巴蜀彻底平定，光武帝刘秀"得陇望蜀"的愿望终于实现。这一军事行动巩固了东汉的统治地位。

"得陇望蜀"这个成语发展到现在，已多含贬义，意指取得了一处成就，又渴望得到更多。它警示人们在追求目标时，既要有不断进取的精神，但也要注意避免贪得无厌。

唇亡齿寒

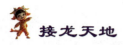接龙天地

| 唇亡齿寒 ☞ 寒腹短识 ☞ 识微见远 ☞ 远走高飞 ☞ |
| 飞土逐肉 ☞ 肉袒负荆 ☞ 荆钗布裙 ☞ 裙布荆钗 ☞ |
| 钗横鬓乱 ☞ 乱七八糟 ☞ 糟糠之妻 ☞ 妻儿老小 |

✎ 教你识字

chún	fù	zhú	tǎn	jīng	chāi	qún	bìn	zāo	kāng
唇	腹	逐	袒	荆	钗	裙	鬓	糟	糠

✎ 深知其意

亡，失去。唇亡齿寒，嘴唇没有了，牙齿就会寒冷。比喻两者相互依存，利害相关。

✎ 趣学趣用

我们两国确确实实应该建立战略合作，因为我们是唇亡齿寒的关系。

实践出真知

说说你对哪些成语感兴趣，动动手查资料，把它们记录下来吧。

故事大讲堂

　　春秋时期，晋国的国君晋献公想要攻打虢国，但是需要经过虞国的领土。晋献公便向虞国国君献上美玉和宝马作为礼物，请求借道出兵。

　　虞国大夫宫之奇深知其中的危险，他用"唇亡齿寒"的道理劝说虞国国君。他说："唇与齿相依，唇若亡去，齿将何以自存？虞国和虢国就像唇齿相依的关系，虢国若是被灭，虞国必然也会受到威胁。"嘴唇没了，牙齿就会感到寒冷，正如虢国和虞国的关系密切，一荣俱荣，一损俱损。

　　然而，虞国国君贪图晋国的礼物，没有听取宫之奇的劝告，答应了晋国的请求。结果，晋国在攻下虢国后，果然回师攻打虞国，虞国毫无防备，很快就被灭亡了。"唇亡齿寒"寓意着两者互相依存，互相关联，一方受损，另一方也难以幸免。

　　这个故事警示人们，在处理相互关系时，应看清形势，不能只看到眼前的利益，否则可能会因小失大，甚至招致灾难。